Einstiegshilfe und Turbo-Version des Autogenen Trainings für Heilzwecke
Brücken zur Vertiefung

71 #Die A.T.-Übung

91 #Grundübungen

98 #Formeln zum Einschieben

Erfolg und Optimismus
Selbstbestimmung
Selbstbewusstsein
Problem mit Optimismus bewältigen
Problem mit Selbstbewusstsein
bewältigen
Eine harte Nuss knacken

134 #Heilformeln

Schlaf
Träumen
Trockene Augen
Nasenscheidewand abschwellen
Nasenbluten
Hüftgelenk behandeln
Stuhl
Nieren behandeln
Blutmangel
Haut
Krämpfe
Magen behandeln
Rotwerden
Schwingungen im Kopf
(psychosebedingt)

Lesenswerte Webseite:
www.matratzenschutz24.net/autogenes-
training-zum-einschlafen

Unter www.jaaan.de findest du meine
Rezepte-Seite.
Außerdem findest du eine Literaturliste,
eine Fremdwörterliste, eine Liste mit
zentralen Französischvokabeln und
Harry-Potter-Vokabeln.

Folgende weitere meiner Bücher sind bei
Amazon erhältlich:
„Leitfaden für Kinder und Jugendliche –
Freiheit braucht keine Zustimmung"
„Die Schule von Dr.Bösewicht –
Humoristische Texte und Gedichte"
„Die Kunst frei zu sein – Coming-out-
Projekte - Satiren"

„Ecosia" ist eine ökologische Suchmaschine. Für 45 Suchanfragen wird weltweit ein Baum gepflanzt. Bisher wurden 112 Millionen Bäume gepflanzt. „Ecosia" ist etwas weniger ergiebig als „Google".

#Allgemeines

Alle Formeln habe bis jetzt nur ich getestet. Ich habe zahlreiche Forscher und Kliniken angeschrieben mit der Bitte meiner Formeln zu prüfen. Bis jetzt habe ich keine Antwort bekommen. Deshalb würde ich mich über Rückmeldungen sehr freuen. Auch Formelvorschläge sind willkommen.

Was kann man behandeln?

Autogenes Training ist keine Wunderpille, aber es (bzw. der Körper) kann, was der Arzt nicht kann, und es kann an Körperstellen wirken, die für den Arzt unerreichbar sind. Das betrifft nicht nur die Heilwirkung, sondern auch die Leistung von Organen. Was mit dieser Methode heilbar ist wird auch geheilt! Innere Organe behandeln kann auch ein Reikiheiler. Nach der Behandlung kann man einen Bekannten bitten die Hände aufzulegen an der Stelle, wo der Reikiheiler das gemacht hatte. Das ist zumindest einen Versuch wert! Die in diesem Buch genannten Heilformeln ersetzen keinen Arztbesucht bzw. eine medizinische Behandlung. Bei körperlichen Beschwerden ist eine medizinische Abklärung mit und gegebenenfalls eine medizinsche Behandlung durch den Arzt zwingend notwendig!

Autogenes Training eignet sich zur Hebung der Stimmung, zur Behandlung von (stressbedingten Nerven-)Schmerzen, zur Beruhigung von Reizungen und zur Beschleunigung von Heilprozessen. Die Nerven reagieren besonders schnell. Die Haut reagiert gut. Der Anteil an den Schmerzen, der durch Stress, Ängste oder Aufmerksamkeit bedingt ist), verschwindet schon nach dem ersten Praktizieren.

Es ist möglich, dass Symptome
unterdrückt werden, ohne dass die (noch
nicht bekannte) Ursache beseitigt wird
(zum Beispiel beim Diabetiker die
Überzuckerung bzw. die Diabetes).

Was passiert?
Durch ein paar Kniffe kommt man
innerhalb weniger Minuten in eine
Vertiefung, in der man dem Körper
hypnotische (Heil-)Befehle geben kann.
Der Körper wird in einen schlafartigen
Zustand versetzt, während der Kopf
wach bleibt (siehe auch: Wie versetze ich
mich in die Vertiefung?; Vertiefung;).

Autogenes Training bedeutet, dem
Körper sagen, was er tun soll. Man
suggeriert einen Zustand, der noch nicht
ist. Der Körper ahmt ihn nach bzw. stellt
ihn her. Man fördert eine
Nervenverbindung, die vom Gehirn
weggeht zu einem Organ. Durch Training
wird diese Verbindung verbessert.

Wenn man mit allgemeinen Formeln ("warm", "stark", "beruhigt") die Heilaktivitäten in einem Körperteil bündelt, braucht man kein oder nur wenig Training.

Das Wirkungspotential und die Funktionsweise

Der Körper kann eine größere Heilwirkung entfalten als er das freiwillig tut. Ich weiß nicht, ob er ein fauler Sack ist, oder ob es im übrigen Körper einfach genug zu tun gibt und die Heilkraft normalerweise gleichmäßig im Körper verteilt wird. Warum kann der Körper das nicht von selbst? Die Natur könnte dem Menschen auch die doppelte Lebenszeit schenken. Naturvölker brachten sich bei rituellen Handlungen schwere Verletzungen bei scheinbar ohne Schmerzen zu spüren, und die Wunden verheilten innerhalb kurzer Zeit (Buchempfehlung: George Catlin: Die Indianer Nordamerikas). Ich werde nochmal eine Formel finden, die macht, dass ich durch Wände gehen kann!

Man gibt einen Zustand vor, und der Körper versucht den Zustand herzustellen. Ich gebe dem Körper das Rechnungsergebnis und der

Körper findet die passende Formel dazu.
Ich sage dem Körper dabei meistens
nicht, wie er das machen soll. Der Körper
findet den Weg dorthin von ganz allein
wie von Zauberhand ohne jede weitere
Hilfe. Der Körper funktioniert ganz
anders als ein Computer oder Roboter.
Der Körper ist offenbar ein Hexer, und
was er hexen kann wissen wir nicht. Er
braucht eine kleine Hilfestellung, einen
Fingerzeig. Wir sagen dem Körper: „Da
gibt es ein Problem, finde bitte eine
Lösung dafür!"
Ich weiß nicht, was der Körper alles kann,
aber offensichtlich eine ganze Menge.
Direkte Anweisungen versteht der
Körper meistens nicht. Das sieht so aus,
als ob der Körper nicht will, dass man
ihm ins Handwerk pfuscht. Die Kunst
besteht darin eine oder mehrere Formeln
zu finden, die der Körper versteht.
Manchmal wirkt nur eine
Formelkombination. Das kann ganz
schön knifflig sein und Jahre in Anspruch
nehmen.

Ich kenne nicht die Grenze zwischen
möglich und unmöglich. Ich weiß, wie
eine gute Formel aussehen muss. Eine
Heilpraktikerin hat mir erzählt, dass man
Antikörper, die den
eigenen Körper angreifen, sich als Armee
vorstellen kann, und dann sagt man:
„Geht nach Hause!" Ich weiß nicht genau,
wie das funktioniert.

Wirkung

<u>Die Wirkung tritt unabhängig davon ein,
ob und was ich während der Heilübung
spüre.</u> Das Heilobjekt kann sogar leicht
schmerzen. Es kann sein, dass die
Wirkung erst nach 10 bis 30 Minuten
eintritt (wenn man die Übung möglichst
intensiv vergessen hat, man mit den
Gedanken woanders ist.) bzw. die
Beschwerden sich innerhalb dieses
Zeitraumes zurückbilden. Mit Geschick
lässt sich die Wirkung deutlich steigern.
Die Heilung ist ein vollkommen
unmerklicher Prozess. Er sollte als
spirituell und permanent fortschreitend
angesehen werden. Die Wirkung von
Formeln für die Behandlung innerer
Organe ist mittelstark. Dabei werden
Heilkräfte zu dem Heilobjekt delegiert.
Am schwierigsten ist die Wärmeübung.
Darin habe ich überhaupt keine Übung,
und es hat bei mir trotzdem funktioniert.
Die Formeln, die helfen in die Vertiefung
zu kommen, lassen in der Wirkung mit
zunehmenden Anwendungen nach.

Erfolgsaussichten

Den Erfolg zu erzielen kann mühsam sein, aber, je nach Problemlage und wie gut die Übungen gerade gelingen (vor allem die Wärme-Formel), kann der Erfolg auch schnell kommen. Mit der Länge des Autogenen Trainings steigt die Wirkung. Der Erfolg hängt vom Zustand des Heilobjektes ab, den man meistens nicht kennt.

Ohne Vertiefung

Man kann auch ohne Vertiefung und Begleitübungen schon eine Wirkung erzielen. Das gilt besonders für die Nacht. Wenn eine Übung in der Vertiefung gut gewirkt hat, dann wirkt die Übung ohne Vertiefung besser. Man sollte die Übung etwas ausdehnen (ganz nach Bedarf –

30 Minuten). Man muss dabei nicht pausenlos sprechen. Diese Form der Durchführung kann manchmal schwer und manchmal leichtfallen (in der Saunaliege bei Sonnenschein fällt es mir am leichtesten). Wenn es schwerfällt, kann man im Vorfeld zwischendurch die Stille und Ruhe-Formel sprechen. Mit einer Ruheübung kann man die Durchführung des A.T. mit Vertiefung vorbereiten. Man kann auch gut zwischendurch sprechen, immer wenn es einem gerade einfällt, weil dabei die Ablenkung gut funktioniert.

Die Stimmung kann ohne Vertiefung gehoben werden. Nerven, Haut und Wunden kann man ohne Vertiefung mit "stark und kräftig", "warm", "beruhigt" behandeln. Während die Formeln gesprochen werden wird ein (ev. fiktiver) Gegenstand fixiert. „Ich muss ganz bei der Sache sein! Ich bin ganz in die Übung vertieft (und versunken). Ich verschwinde in der Versenkung.
Ganz bei mir selbst sein.

Ganz tief in mich gehen wie ein
meditierender buddhistischer Zen-
Mönch.
Ich lasse die ganze Welt außen vor!
In mir ist absolute Stille und Ruhe
Ich setze diese Übung solange fort, bis
das Problem in die Knie geht.
Ich bin stärker als ..."
Nach der Übung beschäftigt man sich für
10 bis 30 Minuten intensiv mit etwas
anderem. Die Wirkung kommt manchmal
erst viel später, wenn man gar nicht mehr
damit rechnet. Ohne Vertiefung kann
man die Übung unendlich oft machen.
Hartnäckigkeit kann sich auszahlen!

#Vorbereitung

Wie oft?
Um die Scheu vor dem Autogenen
Training zu vertreiben, empfehle ich sie
in der ersten Zeit möglichst oft zu
machen. An einem Tag ist die zweite
Durchführung oft erfolgreicher als die
erste.

Ich habe die Übung maximal dreimal am
Tag gemacht. Man kann nach einem
frühzeitig abgebrochenen ersten Versuch,
sofort weitermachen.

Wenn ich heiter und entspannt bin, habe
ich mehr Ausdauer. Eine Durchführung
des Autogenen Trainings kann 15 bis 60
Minuten dauern. Welche Länge
notwendig ist muss jeder für sich
herausfinden. Man kann das Autogene
Training machen, bis man erschöpft ist.
Dann ist eine Fortsetzung nicht mehr
sinnvoll.

Zu welchen Zeiten?
Als Zeiten eignen sich besonders gut vor
und nach dem Schlafen (sofern man dann
nicht zu müde ist). Ich würde das
Autogene Training nicht mit hungrigem
Magen machen. Nach einer üppigen
Mahlzeit würde ich etwas Zeit vergehen
lassen.

Bekleidungszustand

Wenn es nicht zu kühl ist, bevorzuge ich eine leichte Bekleidung. Kurze Ärmel sind angenehmer als lange. Ich knöpfe den Kragen auf, damit er die Haut nicht streift. Wenn die Füße frieren, ziehe ich dicke Strümpfe darüber. Kühle soll gut für den Geist sein. Wenn der Raum so kühl ist, dass meine Hände frieren, heize ich ihn erst auf. Wenn die Hände frieren, führt das zu einer Anspannung. Bei einer starken Vertiefung kann man die Finger bewegen. Wenn man nicht heizen kann oder will, muss man sich mit leichten (Woll-) Handschuhen helfen. Die Raumtemperatur sollte mindestens bei 20C liegen. Wenn der Raum stark geheizt werden muss, kann man unter der dicken Winterkleidung schwitzen (auch ohne, dass man das merkt). Er ist sinnvoll sich vorher mit einem Pullover aufzuwärmen oder sich zu bewegen.

Manche Menschen decken sich mit einer
leichten Frottiedecke oder einem
Bettlaken zu. Wer keine Decken verträgt
kann einen Pullover oder eine Strickjacke
nehmen. Dem Pullover kann man auch
locker auf die Hüfte legen.

Welcher Ort, welche Stellung?

Man kann sich auf dem festen Boden legen mit einem kleinen festen Kissen unter dem Kopf (und ev. einer leichten Decke unter dem Körper). Die Hände liegen mit dem Handrücken nach unten. Die Finger sollten nicht aneinanderkleben. Am Anfang sollten die Finger nicht in der Luft hängen, damit während des Autogenen Trainings keine Finger herumflattern. Daumen und Zeigefinger stehen während des Autogenen Trainings hoch. Wenn eine Hand zum Körper kippt, schiebe ich den Ellenbogen zum Körper (X-Stellung). (Wenn die Arme ruhig liegen, schiebe ich sie etwas nach vorne. Die Füße drehe ich nach außen.) Man kann sich ein dickes gefaltetes Küchenhandtuch unter die Füße legen, damit die Beine gestreckt sind. Wenn das Kissen durch gelegen ist, dreht man es um 180°. Man kann das Autogene Training auch auf dem Bett machen. Auf dem Bett ist es schwieriger in die Vertiefung zu kommen. Ich war wegen eines Tinnitus lange zeit gezwungen das Autogene Training auf dem Bett zu machen. Den Raum dunkel ich ab. Für den Abend eignet sich eine Salzlampe (ev. ein Blatt Papier zum Abblenden nehmen).

Auch Sitzen ist möglich (Abbildung in einem AT-Buch nachschlagen).

<u>Droschkenkutscherhaltung</u>: "Auf dem vorderen Teil der jeweiligen Sitzgelegenheit lässt man sich nach vorherigem Strammsitzen derart in sich zusammensacken, dass der Oberkörper senkrecht ins Kreuz fällt, wobei Unterarme und Hände, ohne den Oberkörper abzustützen, locker zwischen die gespreizten Knie fallen und der Leib nicht mehr gedrückt wird als nötig. Auch hierbei sollen die Hände sich nicht berühren.

Den Kopf lässt man irgendwohin hängen."

<u>Lehnstuhlhaltung</u>: Ober- und Unterschenkel sollen im Kniegelenk einen rechten Winkel bilden (keinen spitzen Winkel!) Die Knie sollen so nach außen fallen, dass sie etwas 40cm Abstand voneinander haben." "Bedenken Sie. dass beim Autogenen Training die richtigen Haltungen niemals durch krampfhaftes Zusammennehmen, sondern immer nur durch ein Lockern und Sichlösen von innen heraus erreicht werden!" (H.Mensen: "Das A.T.")

Der Ort muss einigermaßen still sein. Es ist sinnvoll ein Ruhe-Schild an die Tür zu hängen (oder eine Haftnotiz). Es ist sehr wichtig, dass man ungestört bleibt, denn bei einer starken Vertiefung kann eine Störung unangenehm sein.

Man sollte nicht auf optimale Bedingungen warten, und, wenn man sich hingelegt oder hingesetzt hat, nicht zu lange herumräkeln um die richtige Stellung zu finden, das macht unruhig, und den Beginn der Übung nicht zu lange hinauszögern. Man muss akzeptieren, dass die Anfangslage unbequem ist.

Voraussetzungen - Bedingungen

Man braucht eine gewisse Fitness. Eine leichte Dösigkeit und Verträumtheit kann hilfreich sein. Bei großer Müdigkeit oder gar Erschöpfung sollte man das Autogene Training verschieben, denn es kann sein dass man sich nach der Rücknahme nicht optimal fühlt. Das merkt man schon während des Autogenen Trainings (in der Vertiefung), deshalb kann man im Zweifel die Probe machen. Auch eine innere Ruhe ist wichtig. <u>Unter Umständen kann es notwendig sein schon mehrere Tage vor dem Autogenen Training anzufangen sich auf Ruhe einzustellen, sich zu besinnen (siehe unten: Hinweise und Hilfen für die Übung). Durch lautes Vorlesen und Hören der Formeln kommt man bei der Durchführung der Übung schneller in die Vertiefung und auch tiefer.</u> Ab einer Stunde vor der Übung sollte man nicht zu viel trinken, damit man keinen Harndruck bekommt.

In der Zeit, in der das Autogene Training
gemacht werden soll, sollte man sich
keine wichtigen Aufgaben vornehmen,
keinen Träumereien nachhängen, und
nicht grübeln. Die Aufmerksamkeit muss
ganz dem Autogenen Training gehören!
(Während man in der Vertiefung ist, kann
man über die Lösung für ein Problem
nachdenken.)

Bei (diabetesbedingt) hohen Zucker fällt
es schwer mit dem Autogenen Training
zu beginnen. Wenn der Zucker während
des Autogenen Trainings auf einen sehr
hohen Wert steigt, können die Beine
zittern.

Zeichen an einen Sprecher
Zunge geradeheraus: eine längere Pause.
Zunge über die Oberlippe gelegt:
langsamer sprechen.
Zunge über die Unterlippe: schneller
sprechen bzw. Pause beenden.
Zunge in die rechte Ecke: Ich bin in der
Vertiefung.

Auf die Unterlippe beißen: Zur nächsten
Formel übergehen.

#Ausführliche Beschreibung

Einstellung und Wirkung
Wer zum ersten Mal dabei ist, muss
nichts glauben (was allerdings günstig ist
- auch für das Folgende), aber Vertrauen
ist sehr wichtig
"Autogenes Training wirkt sehr
zuverlässig",
"Autogene Formeln wirken sicher und
zuverlässig",
"Das Heilobjekt gehorcht sofort meinen
Befehlen!",
"Heilformeln entwickeln zuverlässig eine
hochwirksame/gewaltige Heilkraft",
"Das kriegen wir hin! Wir stemmen was
weg!",
„Mit Autogenem Training ist alles
möglich"

„Ich habe großen Einfluss auf meinen
Körper"

"Ich kann meinen Körper beeinflussen"
"Ich beeinflusse meinen Körper"

Ein bisschen Wunderglauben hilft! Ich
würde empfehlen mit großem (Ruhe und
Gelassenheit innewohnendem)
Selbstbewusstsein ganz fest an die
Wirkung zu glauben!!! Man darf (für den
guten Zweck) an die eigene
Überlegenheit und die der Methode
glauben. Das fördert konstruktive
Gedanken. Äußerste Konzentration und
Selbstdisziplin ist sehr günstig. Wenn
man die Formeln laut vorgelesen hat,
kommt man bei der Durchführung der
Übung schneller in die Vertiefung und
auch tiefer. Man kann auch einmal
überlegen: In welchem Zustand (meines
Geistes) kann ich eine besonders gute
Wirkung erzielen?

Was über die Durchführung des Autogenen Trainings gesagt wird, muss nicht alles ganz genau genommen werden. Was empfohlen wird ist günstig aber nicht zwingend notwendig. Man kann variieren und an die eigenen Bedürfnisse anpassen. Der Erfolg hat immer Recht! Man braucht in jedem Fall viel Geduld!

Ruhe und Stille sollte man schon lange vor dem Beginnen vollkommen verinnerlicht haben, am besten im gesamten Alltag. "Ich bin sofort ganz in die Übung vertieft und versunken". Wichtig ist auch eine unwillkürliche Gleichmäßigkeit, die alles von selbst kommen lässt. Ich gehe mit großer Entschlossenheit ans Werk. Ich nehme meine ganze Kraft zusammen. Manchmal ist eine Wehrhaftigkeit sinnvoll oder notwendig. (Reisen machen den Körper wehrhaft und robust.) Man sollte das Autogene Training mit der größtmöglichen Konzentration beginnen.

Man kann aber auch während des Autogenen Trainings die Gedanken lockerlässig schweifen lassen. Man kann lockerlässig beginnen und sich bei der Heilübung voll konzentrieren. Man kann die Einstiegs- und Grundformeln sanft sprechen.

Während des Autogenen Trainings hat das Ziel nicht die größte Wichtigkeit.

Der Weg ist mein Ziel - nichtwollend wollen (Deshimaru-Roshi/Sosan: "ShinJinMei", Deshimaru-Roshi: "Zazen - die Praxis des Zen". <u>Die Wirkung kommt von selbst (als Selbstläufer) und man sollte sie kommen lassen (wie unter: "Entspannung, Vertiefung, geschehen lassen" beschrieben)</u>. Zustände haben (und der Geist hat) das Bestreben zum natürlichen (ursprünglichen) Zustand zurückzukehren. Du musst fest daran glauben, dass die gewünschte Veränderung wie von selbst kommt, ganz natürlich, ganz selbstverständlich. Du brauchst nur noch den Anstoß zu geben (mit minimalem Krafteinsatz sanft bewegen). In dem "von selbst" steckt eine gewaltige Kraft (Wirkungspotential). Man sollte versuchen möglichst viele Übungen zu automatisieren. Wenig sprechen und lange Pausen machen ist (soweit es funktioniert) die bessere Methode! Man soll den Körper daran gewöhnen mit wenig Sprechen viel Wirkung zu entfalten!

Man braucht Zuversicht und Vertrauen.
Auf das Jetzt konzentrieren.
Ganz bei mir selbst sein.
Ganz tief in mich gehen wie ein
meditierender buddhistischer Zen-
Mönch.
Der Geist muss frei schwingen können.
Beim Meditieren lässt man den Gedanken
freien Lauf und beobachtet sie nur. Dann
fängt man langsam an positive Gedanken
zu bevorzugen. Der Geist wird in einer
zwanglosen Atmosphäre erzogen
(geführt).
"Mein ganzer Geist ist in harmonischem
Gleichklang",
"wird immer ruhiger", "… wird bis …
ruhig sein" (als zwingend ansehen).

Ein großer Felsen: meine Ruhe; das
andere: ein kleiner Kieselstein.
Der Felsen wächst (dehnt sich aus) zu
einem großen mächtigen Berg(/Gebirge)
und wird immer mächtiger, der
Kieselstein schrumpft zu einem
verschwindend kleinen Sandkorn, wird
immer schwächer und siecht dahin.

Manche Formeln dürfen nicht einfach abgehakt werden. Sie müssen mit einer starken Vorstellung verbunden sein. Folgende Formeln müssen etwas aggressiv gesprochen werden: "Alle Nerven wie Drahtseile stark und kräftig" und "mit der 1000fachen Wirkung und einschlagender Wirkung" ....

Ich sage "heilig" und "Ich bin ein erhabener Buddha." Damit erzeuge ich eine heilig-meditative Atmosphäre, bis ich mich wie ein Heiliger fühle. Diese Übung darf man nicht vernachlässigen! Den heilig-meditativen Zustand muss man unbedingt aufrechterhalten, z.B. indem man regelmäßig "heilig" sagt. Dieses "heilig" hält den Geist zusammen. Konzentration ist dafür sehr wichtig. Besonders die Behandlung von inneren Organen wird durch den heilig-meditativen Zustand zuverlässiger.

Bei vielen Formeln kann man das
Sprechen durch die bloße Vorstellung
ersetzen. Bei den Einstiegsformeln würde
ich das sehr empfehlen. Man sollte auch
versuchen, das Gefühl, das man beim
erfolgreichen Durchführen der AT-
Übung hatte, zu reproduzieren, das
Liegegefühl, den heilig-meditativen
Zustand des Geistes.

Geduld ist genauso wichtig wie die Stille.
Wenn ich mit meiner Erwartung auf eine
Wirkung drängen, habe ich keine
Ausdauer. Ich kann natürlich auch mal
im Befehlston sagen: "Körper, tu jetzt
ganz dringend …!" Für eine gute
Wirkung braucht manchmal eine starke
Vorstellung! (Die Formeln bereiten das
vor, geben eine Hilfestellung.)
Es kann enorme übermenschliche
Willenskraft und geistige Disziplin
erfordern eine bestimmte (auch
zuversichtliche) Vorstellung im Kopf
durchzusetzen. "Ich habe eine starke
Vorstellungskraft!" "Heilobjekt/Heilung
macht große Fortschritte!"

Man muss sich streng konzentrieren,
wenn es um die richtigen Assoziationen
geht! Unwillkommene Assoziationen darf
man niemals aufkommen lassen!
Die Ruhigstellung von Armen und
Händen (die Voraussetzung für den
Beginn der A.T.-Übung) kann man mit
Selbstdisziplin erzwingen.

Formeln
Bei der Suche nach Formeln muss
beachtet werden, dass das
Unterbewusstsein Verneinungen (nicht,
kein) nicht versteht. "Un-" ist erlaubt.
Formeln wie "Schmerz geht weg/wird
immer weniger/kleiner" sind verbreitet.
Ich denke, dass bei einem geschulten
Sprecher oder einem Therapeuten noch
eine suggestive Wirkung dazukommt.

Man kann bei einer Formel die Betonung
auf einen Körperteil legen,
zum Beispiel bei: "Arme und Beine ganz
schwer"

Man kann, z.B. bei den
Entspannungsformeln, die Formeln nicht
sofort im Körper umsetzen, sondern die
Formeln quasi an den Himmel
adressieren.

Man kann eine Formel wortlos zu
denken. Auch visuelle Vorstellungen
(von dem gewünschten Vorgang) können
die Wirkung unterstützen. Dabei kann
man das Heilobjekt auch durch ein
Symbol ersetzen. Manche fassen die
Formeln in Reime.

Man kann versuchen mehrere Gedanken
zu überlagern.
Ich kann mir vorstellen, dass zu der
Formel noch etwas passiert.
Ich kann mir für eine Übung ein Thema
als Schwerpunkt vornehmen (zum
Beispiel eine der Grundübungen,
Entspannung, Stille).
Ich kann mir vorstellen, ich wäre ein
buddhistischer Mönch bei der
Meditation.

Bei Übungen ohne Vertiefung kann man
Musik im Hintergrund hören: Johann
Christian Bach: Konzertante Sinfonien
und Bläserkonzerte, The Hanover Band
(bei JPC erhältlich).

Das Heilobjekt fokussieren
Beim Autogenen Training wird ein (ev.
vorgestelltes) Objekt fixiert. Ich lehne
mich entspannt zurück und betrachte
entspannt das Fixierobjekt. Auf jeden Fall
muss die Aufmerksamkeit vom
Heilobjekt und vom Körper weggehen.
Man darf zum Heilobjekt hin lugen und
es fühlen, auch um zu prüfen, ob man das
Heilobjekt gut fokussiert hat. Mit
wiederholtem Durchführen der
Heilübung schießt man sich auf das
Heilobjekt ein.

Je enger der Wirkungsbereich eingegrenzt wird, umso besser kann die Übung wirken. Man schaut sich den Körper im Anatomieatlas an. Man kann bei der Übung eine Wegbeschreibung aussprechen. Welche Stelle die (meiste) Aufmerksamkeit braucht, kann man herausfinden, indem man bei jeder neuen Durchführung der Übung den Schwerpunkt der Behandlung auf einen anderen Teil des Organs legt.

Wenn der Versuch unternommen werden soll ein inneres Organ zu behandeln, würde ich mit einem Anatomie-Atlas (Bibliothek) die genaue Lage (und das Aussehen) des Organs studieren. <u>Bei inneren Organen braucht man Ausdauer (35-50 Minuten). Ich habe innere</u> Organe <u>fast immer</u> in einer leichten Vertiefung behandelt. Wenn ein Bereich im Rücken oder in der Nähe des Rückens behandelt werden soll, kann man an der Stelle ein (möglichst) dünnes Buch unterlegen. Bei unter der Bauchdecke liegenden Organen, kann man etwas (einen kleinen Sandsack) drauflegen.

Ich würde nicht zu viel gleichzeitig
behandeln. Zwei Körperbereiche kann
man behandeln. Soll ein Körperteil mit
zusätzlichen Übungen behandelt werden,
würde ich bei einem bleiben.

Wie versetze ich mich in die Vertiefung?
Es kommt nicht auf Details an. Die
Gestaltung der Übung ist sehr
individuell. Bei jedem wirken andere
Formeln besonders gut. Wie du in die
Vertiefung kommst ist nicht wichtig! Je
mehr du gleichzeitig denkst, umso besser
klappt es. In den ersten Minuten muss
man sich manchmal zusammenreißen,
die Augen zukneifen und bewegungslos
liegen bleiben.

Ich lehne mich entspannt zurück. Ich
lasse den Körper locker und entspannt
liegen. (kann als Formel während des
Autogenen

Ich stimme mich eine Weile vor dem Autogenen Training auf Ruhe und Stille ein. Manchmal liege ich bis zu 10 Minuten einfach da und entspanne, bevor ich mich auf die Vertiefung vorbereite. Dabei kann aber leicht die Zeit dahinschmelzen! (besser im Sessel eine Ruheübungen machen) (Formeln: "In mir ist absolute Stille und Ruhe", "Ich bin und bleibe ganz ru(uu)hig". Auch Entspannungsformeln sind sinnvoll.) Manchmal stelle ich mir vor, ich wäre ein festgeschnallter Astronaut vor dem Start oder Ähnliches (siehe unten: Hinweise). Das Festwerden der Arme kann schnell gehen, wenn ich mich ganz auf die Starre konzentriere oder sofort über ein Problem nachdenke) oder eine ganze Weile brauchen (besonders wenn ich mir Zeit lasse). Wenn die Arme ruhig sind und die Vertiefung einen Tee bestellt hat, dann muss man in der meditativen Geisteshaltung geduldig abwarten. Wenn es nach nach 20 Minuten nicht klappt (und allerspätestens nach 30) Minuten, breche ich ab. (Zu lange zu liegen bekommt dem nächtlichen Schlaf nicht.)

Ich fixiere, suche, bei geschlossenen Augen einen Punkt oder einen (ev. vorgestellten) Gegenstand (Das ist nicht absolut zwingend, aber die Aufmerksamkeit muss vom Körper weggehen. Das Fixieren ist besonders günstig für die Heilübung und ev. auch für die Herzübung). Ich lehne mich entspannt zurück und betrachte entspannt das Fixierobjekt.

Wenn ich das Heilobjekt betrachte, dann tue ich das mit einem großen Abstand, wie wenn der Körper zu einer anderen Person gehören würde. Ich weiß, dass das Heilobjekt da ist, aber ich sehe es nicht. In meiner Vorstellung habe ich (während der Vertiefung) keine Arme und keinen Körper. (Man kann das Gefühl bekommen, man wäre gelähmt (Finger bewegen ist erlaubt!)

Ich verharre in völliger Starre(!!!) (wie ein Brett oder eine Wachspuppe), bis das Bedürfnis nach Bewegung versiegt ist, bis Arme, Hände, Füße halbwegs "fest" oder wenigstens bewegungslos sind. (Die Fixierung auf die Starre begünstigt allerdings auch eine Anspannung, besonders in den Händen. Es hat deshalb Vorteile sich etwas Zeit zu lassen.

Entspannungsübungen (siehe unten: Übungen zum Einschieben) wirken gut, wenn man sie eine Weile macht. Sie wirken nachhaltig auf spätere Durchführungen des Autogenen Training. Wenn während des Autogenen Trainings der Körper völlig frei von Anspannung ist, fühlt man sich fast wie im Schlaf: Der Körper schläft, der Kopf ist wach.) Ich lasse den Körper locker und entspannt liegen.

Die ersten Momente lasse ich die Gedanken abschweifen.

Ich träume intensiv (Ich lasse exotische Fische vor meinem Auge vorbeiziehen. Ich fliege nach Jamaika. Oder ich denke über ein Problem nach (mein Favorit!). (Man könnte auch einen Vortrag halten oder ein Zwiegspräch mit einer fiktiven Person führen). Auch zwischendurch können kurze Traum-Einlagen hilfreich sein. Das Abschweifen der Gedanken lenkt vom Körper ab. Ich kann auch ganz abschalten (Passende Formel: "Ich bin ein leeres Gefäß in einem leeren Raum"), wobei ich mich vermehrt auf den Atem konzentriere.

Vertiefung
Man kann auf eine starke Vertiefung hinarbeiten oder sich kurzfassen.

Man sollte beides können! Man kann sich auf die im Moment benötigten Formeln beschränken. Es ist sinnvoll das Formelpotential auszunutzen, weil man sonst leicht vergessen kann, dass es die anderen Formeln gibt. Ich würde empfehlen (wenigstens hin und wieder) eine möglichst starke Vertiefung anzustreben, auch wenn die Wirkung sich nicht proportional zur Stärke der Vertiefung verbessern muss.

(Es scheint einen Wirkungsfaktor zu geben, der nicht mit der Vertiefung zusammenhängt, sondern mit der meditativen Stimmung.)

Wenn die Arme anfangen fest zu werden, warte ich noch einen Moment ab, ob sie noch fester werden. Frühestens wenn die Arme bewegungslos sind, beginne ich mit der zweiten Atemübung (kurzes Hyperventilieren). Das Hyperventilieren erleichtert den Einstieg in die Vertiefung, kann aber danach das gleichmäßige Atmen erschweren. Je fester die Arme sind, umso besser kommt man in die Vertiefung. Optimal ist es natürlich, wenn ich schon halb in der Vertiefung bin. (Ab der Vertiefung bleibt für die weitere Durchführung des Autogenen Trainings ein Zeitfenster bis zur Erschöpfung. Die Zeit davor zählt nicht. Wenn man zu früh mit der zweiten Atemübung beginnt, kann es sein, dass man mit den Grundübungen lange herumkrebst.) Ich komme in eine leichte oder auch starke Vertiefung.

Nachdem die Arme anfangen fest zu werden, spätestens in der Vertiefung, muss eine heilig-meditative Atmosphäre entstehen!

(Lass Weihrauch aufsteigen! Lass dich beweihräuchern!) (Formeln: Ich bin ein erhabener Buddha, Ich liege auf einer Totenbahre,
Im Namen der Heiligkeit ..., u.a. (siehe: Meditativ). <u>Ich stelle mir vor, wie ich unaufhaltsam immer tiefer in die Versenkung komme</u>. Wenn man erst mal in der Vertiefung ist, ist das Erzielen der Wirkung ein Kinderspiel. Der Körper wird in einen schlafartigen Zustand versetzt, während der Kopf wach bleibt. Wenn eine vollkommene Entspannung gelingt, spürt man ihn kaum. Wenn man die Übung allein für sich selbst macht, wacht das Bewusstsein über die Vorgänge. Man ist aktiv. Das schwächt den Grad der Entspannung und Vertiefung ab. Die Formeln unter "Entspannung, Vertiefung, geschehen lassen" helfen hier weiter.

Grundübungen

Die Grundübungen sind bei häufiger
Durchführung günstig für das
Wohlbefinden nach der Rücknahme und
fördern nach längerem Training die
Vertiefung.)

Ich beginne mit der Schwereübung (beim herkömmlichen Autogenen Training sollte eine sehr lange Pause bis zu 10 Minuten folgen). Ich starte mit einer Weltraumrakete. Der gewaltige Rückstoß drückt mich zu Boden. Es folgen die Atemübung (siehe unten) und die Herzübung. Man muss sich nicht zu lange mit den Grundübungen aufhalten (6-10x pro Formel und insgesamt ca. 7-15 Minuten, je nachdem was man noch einschiebt, und das kann auch noch ablenken. Es ist nicht zwingend sie bis zu einer fühlbaren Wirkung zu machen. Wenn eine Grund-Formel gerade anfängt zu wirken, kann man sie verlängern. Man kommt mit der Heilübung tiefer in die Vertiefung. Wenn man die Grundübungen lange macht, kann man in eine besonders starke Vertiefung kommen, was nachhaltig auf die spätere Durchführungen des Autogenen Trainings wirkt.

Der Haupteinsatz soll in die Heilübung gehen. Man kann auch einmal die Heilübung weglassen (oder kurzfassen), damit man bei den übrigen Teilübungen in die Übung kommt. In der ersten Zeit lohnt es sich Entspannungsübungen gründlich zu machen!

Atem-Formel - Yoga-Atemübung
Langsames Atmen beruhigt, bei schnellem Atmen hat man mehr Schwung. Die Betonung liegt beim Ausatmen.

Es gibt drei Atemübungen. Bei der ersten Atem-Übung atmet man durch den Körper. Sie wird am Anfang angeschnitten. Man behält sie während der gesamten Übung im Hinterkopf. Man kann sie sofort durchführen. Aber wenn es nicht klappt, tritt man auf der Stelle. Die zweite Atemübung (Hyperventilieren) ist nicht zwingend, aber es geht besser. Ich habe gern diesen spektakulären Anfang!

6 Mal einigermaßen tief einatmen. (Ich
atme mich in die Vertiefung.) Das tiefe
Atmen lenkt u.a. vom Körper ab. Nach
einer Weile normal weiter atmen.
Im Grundübungsteil kommt die <u>dritte
normale Atem-Übung</u>. Nach dem
klassischen Autogenen Training kommt
die Grund-Atemübung erst nach der
Schwereübung. Man kann auch erst die
Atemübung machen. Auch sie streckt
sich über die gesamte weitere AT-Übung
und kann dabei noch richtig zur Wirkung
kommen.

Wenn man es sich leicht machen will,
atmet man einfach aus der Brust.
Bei Atmung aus Brust und Bauch muss
beides synchron sein und wie von selbst
kommen, wobei die Brustatmung im
Zweifel die Führung übernimmt.

<u>Der Atem geht durch den ganzen Körper.
Bei der Atemübung beziehe ich auch das
"ruhig" auf den ganzen Körper</u>. (Atem
und Ruhe gehen durch den ganzen
Körper)

„Ich atme die Gleichmäßigkeit herbei."
„Ich atme mit großer Leichtigkeit."

(Wie ein Blasebalg: Dudelsack füllt sich, Dudelsack leert sich) Jeder Atemzug ist eine wogende Meereswelle. Das Meer zieht sich leise vom Strand zurück und kommt brausend wieder an und über den Strand. Brustkorb hebt und senkt sich gleichmäßig wie eine (Meeres/Sinus-)Welle. <u>Beim Einatmen wird der Brustkorb (mit Flügeln beschwingt) nach oben gezogen. Wenn die Atmung automatisiert ist (wie von selbst kommt), kommt man besonders gut in die Vertiefung. Die Atmung muss durch den ganzen Körper gehen.</u> Beim Atmen bin ich mein eigener Beobachter.

<u>Anweisung für eine Meditation:</u>
Die Atemzüge zählen. Den Atem nicht beeinflussen.
Den Atem beobachten, wie er fließt, ohne zu bewerten.

Du konzentrierst dich auf den Punkt
zwischen den Nasenlöchern.
Die Luft strömt kalt ein und warm aus.

<u>Anweisung für das Yoga</u>:
Man stellt sich einen Punkt auf der Stirn
vor hell, leuchtend, warm, voller Energie
und Heilkraft (was mich an den roten
Stirnpunkt verheirateter Hindu-Frauen
denken lässt).

1: In 5-6 Stufen einatmen und in einem
Zug ausatmen (gleiche
Zeitspanne für Ein- und Ausatmen).
2: In Stufen ausatmen, in einem Zug
einatmen (siehe 1:).
3: Ganz langsam einatmen, den ganzen
Körper mit dem Atem füllen, bis man das
Gefühl hat, es geht nicht mehr rein.
4: In Stufen einatmen und in Stufen
ausatmen. Man hält den Atem fest,
solange wie es ohne größere Anstrengung
möglich ist.
Hinweis: Mit zunehmendem Training
sollte man alles immer länger ausdehnen,
was dann stärker anstrengt.

Wärme-Formel
Durch die Wärmeübung weiten sich die
Gefäße im Heilobjekt. Die Heilkraft
kommt nicht mehr über den
Stadtverkehr, sondern über die
Autobahn! Wenn man die Wärme spürt
ist das günstig, aber die Wärme-Übung
unterstützt die Wirkung, auch wenn man
keine Wärme spürt.

Die Wärme-Formel ist eine wirkungsvolle
Ergänzung. Eine mäßige Wirkung ist
immer leicht zu erzielen. Aber als
Hauptübung eine starke Wirkung zu
erzielen ist bei der Wärme-Übung
aufwändig. Für die Wärme-Übung sollte
man sich etwas Zeit nehmen. Wenn man
Wärme spüren will, braucht man Geduld
und Training. Man schiebt kurze und
längere Pausen ein. Nach der Übung
macht man eine lange Pause. Die Wärme-
Übung kann durch auf- oder unterlegen
eines (warmen) Gegenstandes unterstützt
werden (chemische Handwärmer?).

Wenn die Wärme-Übung als
unangenehm empfunden wird, kann man
sie verkürzen (oder es ohne versuchen.
Man kann das Heilobjekt aufwärmen und
am Schluss wieder etwas abkühlen
("Kühle", "kühl", gut ge/durch-kühlt
("und beruhigt")) Wenn das Heilobjekt
schon reichlich durchblutet ist
(Sonnenbrand, Entzündung), dann ist die
Wärme-Übung nicht sinnvoll, und
vielleicht auch weniger notwendig.

Ruhe-Formel - Beruhigt-Formel
Die Ruhe-Formel ist für die gesamte
Übung von zentraler
Bedeutung! Sie bereitet nicht nur eine
gute Wirkung der übrigen
Formeln vor. Innere Ruhe ist die
Voraussetzung für die
Durchführung der Übung.

Die Beruhigt-Übung ist eine
wirkungsvolle Ergänzung. Auf Organe
angewendet ist eine mäßige Wirkung
leicht zu erreichen. Auf die Nerven kann
sie schnell und zuverlässig wirken.

Gleichmäßigkeit
Gleichmäßigkeit (und eine mit ihr
einhergehende Automatisierung der
Übungen) ist die zweite Säule des A.T..

Pausen

Pausen bedeuten: die Formel wirken
lassen (dabei auf die Stille achten,
Gedanken abschalten oder auch mal
einen Moment an etwas denken). Den
Pausen sollte man eine meditative Weihe
geben. Pausen können die Wirkung
verstärken oder ihr den Weg bereiten.
Man kann nach jeder Formel eine beliebig
lange Pause machen. Nach jeder Formel 2
bis 4x Atmen, nach 3-6x Sprechen eine
etwas längere Pause. Nach einer Übung
kann eine sehr lange Pause sinnvoll sein.
An welchen Stellen und wie lange Pausen
besonders wirksam sind, muss jeder
selbst (und immer wieder neu)
herausfinden. Es lohnt sich das genau
auszutesten! Bei der Länge der Pausen
muss auch die Ausdauer berücksichtigt
werden, die durch Pausen verlängert
werden kann. Eine sehr lange Pause kann
die Entspannung fördern.

Mit der Rücknahme die Übung beenden

Das Autogene Training wird mit der Rücknahme (siehe unten) beendet. Bei einer sehr leichten Vertiefung bleibt ein Vergessen der Rücknahme bis auf einen leichten Schwindel ohne Folgen. Mit zunehmender Übung kommt man automatisch in eine größere Vertiefung, und dann ist die Rücknahme zwingend!!!

Nach der A.T.-Übung

Durch die Formel "vergessen, dass ich die Übung gemacht habe" vergisst man nicht wirklich, es tritt nur in den Hintergrund. Wenn ich die Augen öffne, kommt die Wirkung meistens sofort oder nach zehn Minuten (sofern ich einen Zeitpunkt bestimmen kann). <u>In den ersten zehn bis zwanzig Minuten nach der A.T.-Übung sollte man sich mit etwas anderem beschäftigen (die Heinzelmännchenregel)</u>.

Wenn die Wirkung eingetreten ist, sollte man sich nicht zu sehr mit dem Heilobjekt oder dem Heilerfolg beschäftigen (auch nicht - z.B. bei großen Erfolgen - zu viel darüber reden).

Körperliche Vorgänge können im Alltag (auch durch beiläufige) Gedanken negativ wie positiv ("Das Heilobjekt arbeitet gut") beeinflusst werden. Das gilt besonders für Organe, die man regelmäßig mental beeinflusst (sie haben Ohren). Hier ist Achtsamkeit empfehlenswert.

Jucken

Es hilft, wenn ich mich in völliger
Selbstdisziplin auf das Autogene Training
konzentriere. Bevor ich beginne löse ich
das Problem mit der Hand. Hautstellen
die regelmäßig jucken kann man
eincremen. Wenn es während des
Autogenen Trainings Probleme gibt,
schränke ich die vorgesehenen
gedanklichen Abschweifungen ein. Ich
versuche es zu ignorieren. Der Nachteil
anderer Methoden ist, dass man sich
dabei mit dem Juckreiz beschäftigt. Wenn
die linke Backe juckt, achte ich auf die
rechte Backe (auf einen Juckreiz). Ich
versuche die Stelle zu entspannen.
Formeln: "Gleichgültig", "Ru(uu)hig". Ein
leichtes Jucken verschwindet wieder.
Wenn das Jucken nicht aufhört, muss das
Autogene Training beendet werden. Auf
keinen Fall darf es soweit kommen, dass
man das Autogene Training überhastet
beenden muss.

Wenn eine harte Nuss zu knacken ist
(Formeln, siehe: Eine harte Nuss
knacken)
(siehe auch: Einstellung und Wirkung,
Problem mit Selbstbewusstsein
bewältigen)

Es kann zu einem ernsten Problem
werden, wenn man um etwas
Unangenehmes (z.B. negative Gedanken
oder Gefühle) zu vermeiden instinktiv
den ganzen Bereich ausschaltet. Wenn
etwas Unangenehmes durch eine Formel
ausgelöst wurde, kann man das immer
mit einer Gegenformel rückgängig
machen. Man muss erreichen, dass das
Unangenehme keine (Ketten-)Reaktion
mehr auslösen kann, zum Beispiel indem
man das Gesamtbefinden stärkt (siehe:
Wohlbefinden, Ruhe-Formel, Einstellung
und Wirkung). Unabhängig davon, ob es
stimmt, kann man einmal feststellen, dass
die Ursache psychisch ist, und abwarten,
was passiert.

Man lässt das Unangenehme zunächst wieder zu um es allmählich und zwingend zu zähmen. Die Strategie ist das Angenehme fördern und das Unangenehme vernachlässigen und schwächen bzw. schwächer werden lassen, schlechte Gedanken allmählich durch gute Gedanken ersetzen (verdrängen). Man sollte nur in die Vertiefung gehen, wenn man sich ganz auf positive Gedanken konzentrieren kann.(Starke negative Emotionen können durch die Vertiefung verstärkt werden.) Man kann mit beruhigenden und stimmungshebenden Übungen beginnen, die auch ohne Vertiefung (siehe oben) durchgeführt werden können. In der Folgezeit ist möglicherweise Achtsamkeit gefordert. Man kann sich mit (fremdsprachigen) Büchern, Hörbüchern, Fremdsprachensoftware, anspruchsvoller Musik und anderen möglichst konzentrierten Beschäftigungen ablenken. Auch unter Menschen gehen, sich unterhalten, zur Not sich selbst von Erlebnissen erzählen kann hilfreich sein.

Wenn ein Problem nicht verschwindet oder immer wiederkommt, muss man intensiv nach wirksameren Formeln suchen. Um ein ernstes Problem zu beseitigen braucht man Beharrlichkeit und eine langanhaltende robuste geistige Selbstdisziplin, die man am besten zur Gewohnheit macht.

62

(!)Mögliche Probleme und Nebenwirkungen (durch Durchführung trotz Störfaktoren)

Bei einer Schizophrenie bzw. Psychose darf man kein Autogenes Training und auch keine Meditation durchführen! Für den Erfolg des Autogenen Trainings ist Vertrauen unerlässlich! Ängste oder Misstrauen können Störfaktoren sein. Man kann die Alle-Nerven-beruhigt-Übung (siehe unten) an den Anfang der Heilübung setzen. Bei einer sachgemäßen Durchführung, was im Wesentlichen bedeutet, dass die Rücknahme gemacht, keine direkte Verneinung (siehe: Formeln) verwendet wird (und keine obskuren Ziele anvisiert werden), ist meines Erachtens nicht mit nennenswerten Nebenwirkungen zu rechnen. Wenn man sich bei einer neuen (ausgefallenen) Formel nicht sicher ist, sollte man vorsichtig testen. Je stärker die Vertiefung umso wichtiger wird die Rücknahme. Man kann sehr schnell in eine sehr starke Vertiefung kommen (sie kann einem anfangs etwas unheimlich vorkommen.) Wenn die Rücknahme nicht gemacht wird, kann es zu einer Tagesschläfrigkeit kommen. Sie

verschwindet, wenn man (sobald man
wieder fit ist) noch einmal in die
Vertiefung geht und die Rücknahme
macht. Es kann schon helfen, wenn die
Rücknahme mehrmals wiederholt
(Augen schließen und ein Objekt
fixieren).

Wenn eine Körperstelle nicht aufhört zu
jucken (oder gar kräftig juckt), muss das
Autogene Training beendet werden!
(Man könnte geneigt sein zu sagen: "Ich
bin so schön in der Vertiefung, jetzt will
ich die Sache durchziehen.") Ein längeres
Fortsetzen der Übung kann die Nerven
stark belasten! Wenn das Autogene
Training aufgrund von starken
Beschwerden überhastet beendet wird,
kann die Rücknahme misslingen, und das
kann sehr unangenehm werden! Die
Rücknahme funktioniert generell besser,
wenn man richtig in der Vertiefung ist.

Während des Autogenen Trainings
dürfen die Augen nicht geöffnet werden.
Das kann dazu führen, dass die Formel
nicht mehr funktioniert bzw. neu trainiert
werden muss. Ein versehentliches kurzes
Öffnen der Augen ist aber kein Problem.
Lautes Sprechen in der Vertiefung kann
die Vertiefung abschwächen oder
aufheben. (Ohne Vertiefung kann eine
Übung mit offenen Augen gemacht
werden, z.B. beim Spaziergang)

Körperliche Beschwerden können auch
durch die Rückenlage verursacht werden
(Druckempfindlichkeit). Ein leichter
Schmerz des Heilobjektes ist nicht weiter
beachtenswert.

Wenn ich das Autogene Training täglich
und dreimal am Tag durchführe, kann
das manchmal zu viel werden, und es
gelingt mir nicht das Autogene Training
sauber durchzuführen. Dann habe ich
nach dem Autogenen Training ein
leichtes Unwohlsein oder leichte
Kopfschmerzen. Das gibt sich wieder,
spätestens nach der nächsten
Durchführung. Es kommt auch vor, dass
ich, nachdem ich die Vertiefung mit
entsprechenden Formeln erzwungen
habe, nicht richtig in die Vertiefung
reinkomme und immer wieder
herausgequollen werde.
Vertiefungsformeln helfen hier nur
vorübergehend.

Bei häufiger Durchführung ist die Durchführung der Schwere- und der Herzübung besonders wichtig. Nach sehr langer Tagesruhe (Sonnenbaden, Schlaf), oder wenn man bei vorangegangen Übungen erst nach langem Liegen in die Vertiefung gekommen war, sollte keine Übung mehr durchgeführt werden. Häufiges Durchführen bedeutet natürlich auch langes Liegen, was dazu führen kann, dass man nachts wach ist. Das gilt besonders für das bloße Liegen (bevor die Arme fest sind). <u>(Übersteigerter) Ehrgeiz kann am ehesten zu Problemen führen.</u> Einmal hatte eine Augenbraue gejuckt. Ich musste übereilt die Rücknahme machen. Sie misslang. Ich wurde tagsüber schläfrig. Nachdem ich in die Vertiefung ging und die Rücknahme machte, war wieder alles in Ordnung.

Hinweise für die A.T.-Übung

Man kann sich vor dem Beginn des
Autogenen Trainings den Stundenpiepser
einer Armbanduhr anstellen und am
anderen Ende des Zimmers mit etwas
Stoff bedecken. Ich verwende eine
digitale Zeitschaltuhr, bei der man das
Umschalten im 15-Minuten-Abstand
hören kann zur vollen Zeit zweimal.

Es ist manchmal geschickt Formeln im
Rhythmus des Atems zu sprechen. Bei
manchen Formeln kann das auch störend
sein, zum Beispiel, wenn die Formel lang
ist oder wenn man die Formel mit voller
Kraft sprechen will.

<u>Es ist sinnvoll zwischen die Teilübungen
(auch mehrfach) einzuschieben:</u>
Ich bin und bleibe ganz ruhig.
Ich bin (und bleibe) vollkommen locker
und entspannt.

<u>Die Heilformel erst laut und dann lautlos
denken.</u>

(Die Formeln sind nicht für das Bewusstsein bestimmt!) Dann wird eine Pause eingelegt, damit die Formel wirken kann. Wenn das Autogene Training lange durchgeführt wird, kann man ruhig lange Pausen einlegen.

Man muss sich in einer ganzstarken Selbstdisziplin auf das Autogene Training konzentrieren! Ich nehme mir vor, das Autogene Training generalstabsmäßig durchzuführen! (Keine Zeit verlieren!)

Ich stelle mir vor, …
… , eine Person steht hinter mir und spricht die Formeln
(ev. mit mir zusammen).
… , ich bin heiter-optimistisch. Ich befinde mich einem angenehmen hellen Zimmer voller warmem Sonnenschein.
… ich wäre ein Kind (vier Jahre alt). Ich atme wie ein Kind.
… ich sehe, ein Kind, dass autogenes Training macht, und nehme es mir zum

Vorbild.

… ich liege wie ein Flugzeug mit zum
Heck gewinkelten Flügeln.
… , ich bin ein festgeschnallter Astronaut
vor dem Raketenstart
… , ich werde für eine
nuklearmedizinische Untersuchung in
eine enge Röhre
eingeschoben (wo ich mich nicht
bewegen darf).
… , ich bin ein Karate-Meister, der sich
innerlich auf die nächste Begegnung
vorbereitet.

Ich lege mich hin, wie man …
… sich (wellenrauschend und an der
Sonne wärmend) an den
Badestrand legt.
… sich für eine Komödie lachend in den
Sarg probelegt.

Die A.T.-Übung

+ besonders gute Formeln

St Diese Standardformeln mache
ich immer.
St Standardformeln um in die
Bewegungslosigkeit und Vertiefung zu
kommen. Wenn man sie nicht mehr
braucht, kann man sie weglassen.
V Diese Formeln unterstützen die
Vertiefung
und können eingeschoben werden um die
Vertiefung (auch nachträglich) zu
verbessern.
Sie sind immer empfehlenswert!
A Diese Formel verwende ich nur, wenn
mir der Start schwer fällt.
[ ] nur denken, Ergänzung, Erläuterung

Man muss hinnehmen, dass die Anfangslage unbequem sein kann. Augen schließen, einen Punkt oder (ev. vorgestellten) Gegenstand fixieren, nicht bewegen. Kopf, Ellenbogen, (Handrücken) und Fußballen sind wichtige Orientierungspunkte. Ich lehne mich entspannt zurück und betrachte entspannt das Fixierobjekt. Intensiv träumen (oder kurz wegnicken), über etwas nachdenken oder ganz abschalten und sich verstärkt auf den Atem konzentrieren, bis die Arme und Hände bewegungslos oder sogar fest sind. Bei den Einstiegsformeln sollte man die Fantasie anstrengen und sie an die eigenen Bedürfnisse anpassen. Es ist hilfreich, wenn man einige wichtige Formeln durch die bloße Vorstellung ersetzen kann. Auch sollte man versuchen das Gefühl, das man beim erfolgreichen Durchführen der AT-Übung hatte, zu reproduzieren, das Liegegefühl, den heilig-meditativen Zustand des Geistes, den man unbedingt aufrechterhalten muss, zum Beispiel,

indem man regelmäßig "heilig" sagt. Bei
den ersten Einstiegs-Formeln kann ich für
die Reihenfolge keine Empfehlung geben.
(Ich beginne mit der Ruheformel, bis sich
eine körperliche Ruhe eingestellt hat und
mache erst dann intensiv die
Atemübung.)

Ein wesentliches Ziel ist: Gedanken ganz
abschalten (ev. zwischendurch an etwas
denken), Abstand vom Körper, den
Körper nicht mehr spüren, im
Schwebezustand sein, ganz loslassen.

Wenn die Arme anfangen fest zu werden,
spätestens in der Vertiefung, muss eine
heilig-meditative Atmosphäre entstehen!
Ich meditiere.
Heilig, heilig, heilig.
Ich gehe ganz tief in mich.
In meiner Eigenschaft als Bodhisattva.
Ich habe spirituelle Klarsicht.
Ich bin an einem heiligen Ort.

Ich bin ein (erhabender) Buddha
(/Yogi/Heiliger).

Ich bin nur noch Geist.
Ich habe die meditative Tiefe eines
meditierenden (buddhistischen)
Zen-Mönchs.
Ich kann meinen Körper heilen.

Alles ist heilig/durchheiligt; Erleuchtung;
(Allesdurchdringende) Weisheit;
(Ich bringe euch das Heil;)
Priester vor der Weihe;
Ich liege auf der Totenbahre;
(siehe: Meditativ;)
(Ich stelle mir die Heiligkeit intensiv vor.)
<u>Im Namen der Heiligkeit -</u>
<u>Ich bin von Stille Ruhe</u>
<u>und Frieden durchdrungen.</u>
Ich habe einen tiefen
unerschütterlichen Glauben
(Gott ist mein Zeuge!).

Einstimmung
Ich muss ganz bei der Sache sein!
(Die Übung generalstabsmäßig
durchführen!

Ich bringe Fitness und Entschlossenheit
mit.
Ich fühle mich gut und fit.
Ich habe/In meinem Körper schlummern
gewaltige Kräfte!

<u>Ich muss ganz bei der Sache sein!</u>
Absolute/eiserne/unendlich
starke/gewaltige
Selbstdisziplin!!! Konzentrieren!
Meditieren!
<u>Ich denke mich schon vorab in die
Vertiefung und in die heilig-meditative
Stimmung.</u> (Ich stelle mir vor, ich wäre
…)
Ganz bei mir selbst sein.
Ich gehe ganz tief in mich wie ein
meditierender
buddhistischer Zen-Mönch.
Ich habe die meditative Tiefe eines
buddhistischen Zen-Mönchs.
+ Ich strahle Alpha-Strahlen aus.
(Das menschliche Gehirn strahlt Gamma-
Quanten aus.
Wenn beim Meditieren im Gehirn ein
Zustand vollkommener

Entspannung und Wachheit eintritt,
strahlt
es Alpha-Quanten aus. Es gibt
Meditationsgruppen,
die während der Meditation diese
Strahlung messen.)
+ Ich bin in tiefer Hypnose.
<u>Ich bin ganz in die Übung vertieft
(und versunken).</u>
<u>Ich verschwinde in der Versenkung.</u>
Ich lasse die ganze Welt außen vor!
Ich befinde mich im Zustand tiefer/
höchster/äußerster Konzentration!

[nur denken]

V **<u>Die Vertiefung ist wie Schlafen.
(ein sanfter Schlaf/in einen Tiefschlaf
fallen)]</u>**
V Ich bin müde/Mir fallen die Augen zu.

Stille und Ruhe
ev. zunächst kurz durchführen um
flexibel zu bleiben.
(Ich beginne mit der Ruheübung, bis sich
körperliche

Ruhe eingestellt hat.)

Alle Geräusche ziehen an mir vorbei.
Ich nehme nur noch Stille war.
In mir ist völlige Stille.
Ich horche nach der (inneren) Stille.
Ich horche in mich hinein.
Gedankenstille.

Ich tauche ab.
Ich hebe mich auf.
Ich habe meinen inneren Frieden
(gefunden).
Ich bin ganz kühl.

[ev. farbenprächtige Fische beobachten]
Ich bin (sofort) ganz ruhig (kühl und
konzentriert).
Ich habe eine angeborene Ruhe (und
heitere
Gelassenheit) in mir.
St In mir ist - absolute(!!!) Stille und Ruhe
(und Konzentration).
+ Ich habe die heilige Stille und Ruhe in
mir.

+ Heilige Stille, heilige Ruhe, heiliges
Gelöstsein.
Alles durchdringende Stille – Heiligkeit
ist meine Natur.
Der ganze Körper wiegt sich in Stille
und Ruhe.
+ Ich nehme nur noch Stille wahr.
Ich nehme die Stille in mich auf und
werde ein Teil der ewigen/unendlichen/
grenzenlosen Stille.
Stille. **[ev. Denken]**
+ Der ganze Körper ist ein Felsen
der Ruhe. Ich bin wie ein Felsen
ruhig und kühl.

[Pause]
Ich bin und bleibe ganz ruhig.
Ruhe/ruhig. (ev. denken)
**[Während des Festwerdens der Arme
ev. Arme und Fußhacken
etwas nach unten ziehen]**
[Pause]

**Entspannt beginnen - Formeln für die
Virtuelle Körperlage und
Bewegungslosigkeit**

Ich versuche das Gefühl erfolgreicher
Durchführungen zu reproduzieren.

Ich lehne mich entspannt zurück.
Die Füße liegen oben, der Kopf liegt
unten/tief. Ich schwebe einen Meter
über dem Boden. Ich schwebe, … .

**[+ Wie ein Cowboy, der
seine Hände auf die
in den Schäften
liegenden Colts legt:]**
+ Ich lasse den Körper vor mir liegen.
wie ein Laubblatt, wie in
einem Ruderboot .
Ich bin vollkommen locker,
(tiefen-)entspannt und gelöst.
In allen Körpermuskeln ist
vollkommene Leichtigkeit.
Der Körper liegt einfach/locker-lässig da.

+ **St** Ich bin (schnurgerade) wie ein Brett.
+ Wasser gefriert allmählich zu einem
Eisblock.
Alle Glieder sind vollkommen entspannt
und
gerade ausgestreckt.

(in alle Richtungen) schwebend.
Ich bin ein langes Gestänge, Alle Finger
sind lange Rohre.
Ich spüre eine Handfläche/ein langes
Brett
an jeder Hand (Innenfläche).
(Arme und Beine werden nach unten
gezogen).
Der Körper spielt toter Mann.
A Arme sofort ganz fest und die Hände
bewegungslos. **[ev.nur denken]**
A (Arme und Hände sofort ganz fest).
A Der ganze Körper ist und liegt ganz
fest.
A (Ich bin/werde sofort ganz fest.)
A Bewegungslosigkeit hinnehmen.
A Bewegungslosigkeit und Vertiefung
übertragen
sich auf den ganzen Körper.
[Pause]

St (2x) <u>Ich lehne mich entspannt zurück.</u>
St (2x) <u>Der Kopf liegt unten, die (Beine
und)</u>
<u>Füße liegen hoch.</u>

**[Fußende hochgestellt, Kopfende
runtergekippt.]**
St Ich bin (schnurgerade wie) ein Brett.
Ich schwebe einen Meter über dem
Boden.
**[Ich spüre den Untergrund. Ich vermesse
meinen
Körper vom Kopf bis zu den Füßen.]**
<u>Ich bin vollkommen (entspannt und)
gelassen</u>.
 + Ich liege angenehm.
In allen Körpermuskeln ist vollkommene
Leichtigkeit.
Ich gehe auf in etwas (der Übung, einer
vertrauten
Gruppe/Familie, einer Mannschaft, einer
Religion,
im Universum).
Ich bin in vollkommener Ruhe und
wonniger/wohliger Gelöstheit.
Ich bin im Zustand vollkommener Wonne
und Harmonie.
Alle (Körpermuskel-An-)Spannungen
lösen sich
vollkommen auf.
Alle Körpermuskeln vollkommen gelöst.

Ich bin tot und liege auf einer Bahre
aufgebahrt.
Ich lasse den Körper - locker entspannt -
liegen.
Ich spüre den Untergrund.
Ich vermesse meinen Körper vom Kopf
bis zu
den Füßen.

**Atmen durch den Körper – Übergang in
die Vertiefung**
(siehe unten: Grund-Atem-Übung)
**[anschneiden, im Hinterkopf behalten,
später
durchführen]**
**[Immer auf den Atem achten, ev. ganz
langsam atmen.]**
**[Auf Gleichmäßigkeit konzentrieren!!!
Langsame Wellen/Wogen!]**
Ich atme Gleichmäßigkeit ein und aus.
Gleichmäßigkeit durchdringt den Körper.
Der ganze Körper ist Gleichmäßigkeit.
St (4-6x) Der ganze Körper atmet (durch
die Arme und den Oberkörper) ein.
Der ganze Körper atmet (durch die Beine
bis zu den Fußspitzen) aus.

St (6x) Der ganze Körper atmet ganz tief
ein
und aus (/der ganze Körper atmet aus)
**[Hyperventilieren - Beim Ausatmen
werden Arme (und Beine) immer
fester und schwerer, drücken
sich in den Boden.**
(siehe unten: Schwere-Übung).]

**[Wenn die Arme
und Hände ruhig sind
oder anfangen fest zu werden:]**
Atmung ganz ru(uu)hig
und gleichmäßig.
Ich atme mich in
die Vertiefung.
Ich atme die Gleichmäßigkeit
herbei.

**Meditativ
[Immer auf den gleichmäßigen Atem
achten!]**
Ich ruhe in mir selbst.
++ Ich werde ganz auf mich
zurückgeworfen.
[Pause]

++ Ich bin ein leeres Gefäß in einem
leeren Raum. **[Ganz abschalten]**

Meta-Formeln
(Autogene Formeln beeinflussen das
Unterbewusstsein.)
Autogene Formeln haben permanent
die 1000fache Heilkraft und eine
durchschlagende Wirkung.
Im gesamten Körper läuft die
Heilkraftproduktion
auf Hochtouren.
Jede Formel entfaltet eine gewaltige
Wunderwirkung.
Autogen Formeln entfalten/erreichen
immer die
maximale Wirkung!
Autogene Formeln/Heilformeln
bewirken immer
die sofortige und vollständige Heilung.
Alle Formeln wirken langfristig!
(Heil-)Formeln wirken lassen.
**[Gedanken abschalten,
ev. zwischendurch an etwas
anderes denken.]**

Gleichmäßigkeit
St 1-2x <u>Gleichmäßigkeit hat Gewicht
(und Volumen/Ausdehnung) eines
gewaltigen Riesen/Kolosses.
(Gleichmäßigkeit ist meine Stärke/
Kraft, mein Schwung,
mein Rhythmus und mein Glück!)</u>

Bewegungslosigkeit und Vertiefung
St (1-2x) Ich lebe/wohne in der
vollkommenen (Bewegungslosigkeit
und in der) Vertiefung - (in der)
Unterwelt. Vertiefung ist der/mein
natürliche(r) Zustand.
St (1-2x) Ich tauche ein/ab in die
Unterwelt von Bewegungslosigkeit
und Vertiefung.
St <u>Ich gehe auf in der Unterwelt der
Vertiefung</u>.
In der Tiefsee 1000 Meilen unter dem
Meer.
Ich falle/stürze (im freien Fall) in die
Vertiefung.
Ich liege in der Tiefe auf dem (See-/)

Meeres-Grund.
**[Ich sehe von unten die
Meereswasseroberfläche.
Über mir zieht sich eine Decke zu.]**

**Vertiefung
[unendliche/heilige Tiefe, extremtief!!!]
St** (1x) Ich spüre, wie ich
<u>immer tiefer</u> in die Vertiefung
komme/gleite/gezogen werde
[nach unten schauen (zum Mund)]

St (1x) Ich gehe ganz tief in die
Versenkung und Vertiefung.
Ich gehe immer tiefer und werde
eins mit dem Universum.
St (1x) Ich tauche tief ins Innerste meiner
Seele.
St (1x) Die gewaltigen Tore meines
Unterbewusstseins öffnen sich weit
und lassen mich herein.
St (1x) Ich mache eine Reise in die tiefsten
<u>Tiefen</u> meiner Seele.
**[ev. langsam Vertiefungsstufe
1- 10 hinauf zählen]**
(1x) Ich bin in vollkommener

Tiefenentspannung.
(1x) Ich bin (mitten) in der
(vollkommenen)
Vertiefung.
St Ich lebe in der vollkommenen
Vertiefung.
St Ich und mein Körper, mein gesamter
Körper ist in der vollkommenen
Vertiefung.

[ev.Pause]

Vertiefung - Schweben
[ev.nur denken:]
St V [Ziel: Unter dem Kinn ziehe ich
eine Linie. Unter der Linie
habe ich keinen Körper. (Oder in
Stufen: Das Gefühl geht nur noch bis in
die Mitte des Unter-, Oderarmes,
Schulterkanten, Hals, oberer Hals.
(Die Hände fühlt man kaum noch, am
besten gar nicht mehr! Oder der ganze
Körper ist weg.)) Du kannst einmal
versuchen deine Traumarme zu
bewegen oder 'wegzugehen'.]
++ Ich schwebe 1 m über dem Boden.

(Ich lasse den Körper zurück.)
V(6x) Ich schwebe.
Ich schwebe/fließe in angenehmer
Ruhe dahin. Mein Körper hängt an
1000 Fäden. Ich lasse ihn locker
herunterhängen. Ich hänge an
einem Bergsteigerseil herunter.
Arme und Beine werden
nach unten gezogen.
[+ **Vertiefung ist: Ich habe mit großer/**
voller Wucht einen Wurfspeer geworfen
und auf die ewige Reise geschickt.
Solange
der Speer fliegt bin ich vollkommen
entspannt und gelöst. Glückseligkeit.
Ich schwebe auf Wolke 7]

V Der Körper ist ganz weit weg.
V Es ist, wie wenn der Körper zu einer
anderen Person gehören würde.

Vertiefung - Geschehen lassen
[Hände/Finger werden zu
den Füßen gezogen. Ev. auf
die Finger fixieren. Gefühl
in den Oberarmwurzeln.

**Der darunterliegende
Körperbereich ist
<u>wie eine Fahne, die</u>
<u>im Wind weht:</u>]**
Der Körper liegt
locker-lässig da.
V Alle Körpermuskeln
entspannt und gelöst.
V <u>Ich will nur die Freiheit dazu.</u>
(/Ich kann frei sein/Ich bin frei,
(Ich will die Fähigkeit haben jederzeit
alle Muskeln vollkommen entspannen
zu können.) (Dieser Satz hält alles in
der Schwebe.)
**+ [Jeder kann tun und lassen was er
will.
Unwesentliches können wir mit
Nachlässigkeit behandeln.]**
V <u>Ich lasse den Körper einfach wie/ganz</u>
<u>von selbst sich entspannen.</u>
V <u>Ich bleibe dabei völlig untätig/</u>
<u>vollkommen passiv.</u>
V <u>Ich lasse den Körper einfach liegen</u>
<u>und treiben (treiben lassen).</u>
V <u>Ich lasse es/alles geschehen/alle</u>
<u>Heilformeln wirken.</u>
<u>Ich lasse mir gerne helfen!</u>

Alles ist locker, entspannt und gelöst.
Ich lasse alles los.
Alles ist ganz/unendlich weit weg.

<u>Gleichmäßigkeit und Schwere</u>
<u>[Auf Gleichmäßigkeit, Schwere</u>
<u>und Stille achten; ev. ehrfürchtig</u>
<u>einen Koloss/ein Schiff) visualisieren</u>
<u>oder eine abstrakte Vorstellung</u>
<u>entwickeln!:]</u>
St (3-6x) <u>Gleichmäßigkeit</u>
<u>hat Gewicht (und</u>
<u>Volumen/Ausdehnung)</u>
<u>eines gewaltigen Riesen/Kolosses.</u>
Die weite Welt (/Weite der Welt)
ist um mich herum.
Ich bin ein winziger Punkt vor dem
Koloss/in der Unendlichkeit
Des Universums, deren
unerschöpfliche Weite und Ausdehnung
meine Vorstellung überfordert.

#Grundübungen

#Grundübungen

[Grundübungen müssen nicht lange
gemacht werden.
Es kann aber Vorteile haben. (siehe:
Vertiefung)]

Schwere-Übung
Beim Ausatmen werden Arme (und
Beine) immer
fester und schwerer
(ev. (Beide) Arme sofort (ganz) schwer).
(3-6x) (Beide) Arme und Beine sofort.
(wie von selbst) (ganz) (wie Blei-/tonnen-
)schwer.
(ev. Beine/Füße (ganz) schwer).
(6x) Der ganze Körper ist (ganz)
schwer. (Schwere/schwer).
**[ev. lange Pause, Gedanken abschalten
und wirken
lassen, bis man die Schwere spürt.]**

Atemübung
(Siehe oben: Atmen durch den Körper:)
**[Die Betonung liegt beim Ausatmen.
Durch Oberkörper ein, durch
Unterkörper ausatmen.**

**Atem geht durch den ganzen Körper.
["ruhig" wird auch auf den ganzen
Körper bezogen.]**

**[Mit Teilformel ein,
und Teilformel ausatmen.
Auf Gleichmäßigkeit konzentrieren!]**
(1x) Atmung ganz ruhig.
(1x) Atmung ganz ruhig und
gleichmäßig.
(Atmung ganz) ruhig.
(3x) Ruhig. **[ev. nur denken]**

(Atmung hat) vollkommenes/
absolutes Gleichmaß/strenges
Metronommaß, gleichmäßig,
rhythmisch.
St Ich atme Gleichmäßigkeit ein
und aus. Gleichmäßigkeit durchdringt
den Körper. Der ganze Körper ist
Gleichmäßigkeit.

Langsame/gemächliche Atem-Wellen/
Wogen (gehen/wandern durch den
ganzen Körper), (wie ein Schiff bei
Seegang),
(wie eine Wippe, die langsam auf-

und abgeht/-schwingt, Schiff, dass
sich seitlich hin und her bewegt)
Brust/Atemwelle/Meereswoge hebt
und senkt sich. **[künstliche Beatmung].**
Ein Schwungrad drückt den Brustkorb
nach oben und zieht ihn nach unten
(abwechselnd).
Ich bin ein Tretboot.

[Ich bin mein eigener Beobachter.]
Über allem liegt der Schimmer
der Leichtigkeit. **[Ich atme wie
ein Kind.]**
Ich atme mit großer Leichtigkeit.

[ev. schon am Anfang:]
+ Es atmet (durch) mich.
Ich lasse es (durch mich) atmen (atmen
lassen
– rhythmisch).
+ Atmung automatisiert und
verselbständigt.
**[+ An etwas Anderes denken und der
Atmung ihren Lauf lassen. Den Atem
sich
selbst überlassen.]**

Herzübung
[ev. einen Gegenstand anfixieren:]
(6x) Herz (schlägt/geht) ruhig
und gleichmäßig
Ich lasse das Herz schlagen.

Nach den Grundübungen
Ich bin/Der ganze Körper ist in
vollkommener Ruhe und Harmonie.
Ich erkenne mich ganzheitlich.
Körper und Seele sind eine Einheit.

(1x) Der ganze Körper ist locker,
entspannt und gelöst.
(1x) Alle Muskeln sind entspannt
und gelöst.
(1x) Der ganze Körper ist vollkommen
zwanglos und gelöst.
(1x) Alle Muskeln sind gelöst. Ich lasse
ganz/jetzt alles los.
[längere Pause]

**[ev. Nervenschmerzen - Nerven
beruhigen]**

Wärme
Heilobjekt (wird) ganz/strömend warm/mit
Blut durchflutet.   [Auswahl
(1x) <u>Heilobjekt ist eine Heizung</u>. **treffen]**
<u>Die drehe/kurbel ich</u>
<u>jetzt ganz auf/an</u> (und lasse Hitze einströmen).
Heilobjekt glüht auf/heizt auf/heizt durch.
<u>Heilobjekt/Heizung wird immer wärmer, immer wärmer, immer wärmer</u>
<u>Heilobjekt wird mollig warm.</u>
<u>Heilobjekt wird gut durchwärmt.</u>
Ich spüre wie das Heilobjekt ganz warm wird.
Die helle und glühend heiße Mittelmeer-/Wüsten-Sommer-Sonne scheint.
<u>Helles Sonnenlicht</u> durchwärmt und durchhitzt
das Heilobjekt.
Heiß wie 1000 Sonnen.
Heilobjekt wird mit der Infrarot/Wärm-Lampe
durchleuchtet/durchwärmt.

<u>Hitzewellen gehen durch das Heilobjekt.</u>
Ich mache den Kohleofen an/heiß.
Der Kohleofen wird heiß.
<u>Heilobjekt ist ganz heiß/(kohle-)
glühendheiß/kohlenheiß/saunaheiß.</u>

Heilobjekt kühlen
Kühle.
Heilobjekt gut durchkühlt.
Heilobjekt (ist und bleibt
vollkommen/extrem)
(kühl und) beruhigt.

**Heilobjekt stärken und heilen
[Hochauftürmende
brechend, anlandende brausende
Meeresbrandung felsenkrachend:]**
(Heilobjekt (kern)gesund.
Heilobjekt super-robust, wehrhaft
und absolut widerstandsfähig.
(beruhigtes) Heilobjekt (wie Herkules
/mit 1000facher, überwältigender
Heilkraft und durchschlagender
Wirkung, ganz stark und kräftig,
heilt ganz aus. **[Blässe vorstellen]**

Meereswellen.
Eiskalte Blaue Heillampe(/Strahler)
kühlt, beruhigt und heilt
durchdringend). Das kalte Licht der
blauen Heillampe lichtflutet das
Heilobjekt und heilt alles aus.
Der ganze Körper schüttet Halden von
Heilkraft aus.

Rücknahme
Ich bin wieder ganz im hier und jetzt.
Ich bin hellwach!
Ich bin hellwach!
Ich winkle und spanne meine Arme fest
an.
Ich bin wieder ganz im hier und jetzt.
Ich bin hellwach!
Ich bin hellwach!
Ich bewege die Oberarme mehrmals
kräftig hin und her.
(Ich recke und strecke mich
(und atme tief durch).)
Die Augen öffnen.

Nach der A.T.-Übung
(Ich wechsle sofort die Perspektive und denke 10 Minuten bis
30 Minuten intensiv an etwas anderes. Ich vergesse gründlich(!), dass ich die Übung gemacht haben. An etwas anderes
Denken ist für eine einfache Übung ohne Vertiefung zwingend, kann aber auch für eine Übung mit Vertiefung hilfreich sein.)

#Formeln zum Einschieben

Die das Wohlbefinden fördernden Formeln (ab Ruhe-Formeln) können auch ohne Vertiefung angewendet werden.

Ergänzungen
Man kann einer Formel ein in "jedem Moment", "immer" ("und allezeit)
(nach ersten Erfolgen sinnvoll) oder
ein "sofort" einfügen, auch:
"durchdringend", "extrem", "absolut",
"wohl und angenehm". Man kann zwei
Formeln mit "gleichzeitig" (Kühle)

verknüpfen. "Wenn folgendes Ereignis
eintritt, dann wird… (z.B.: "Wenn ich
die Augen öffne, wird meine
Hand warm").

Abkürzungen
ruhig/Ruhe, warm/Wärme,
schwer/Schwere usw.

Meditativ
Stille (ev. denken)
+Der Körper ist ganz weit weg.
++ Es ist, wie wenn der Körper zu einer
anderen Person gehören würde.

++ Ich schwebe 1 m über dem Boden.
(Ich lasse den Körper zurück.)
(Ich liege auf einem Heliumballon.)
Ich schwebe(/fließe) in angenehmer
Ruhe dahin.
Ich bin ein Buddha/Yogi.
Alles ist heilig/durchheiligt.
+ Im Namen der Heiligkeit.

**[Die genaue Reihenfolge ist nicht wichtig. Man kann
auch etwas weglassen. Ev. durch Vorstellung ersetzen:]**
Ich verlasse meinen Körper.
Ich schwebe über dem Körper.
Ich schwebe über allem.

Ruhe-Formeln (siehe auch: Schlaf)
Ruhe nur denken.
Tiefe bleibende/beständige Ruhe braucht
ein gewisses Maß an Selbstdisziplin und
Konzentration. (Innere) Ruhe geht einher
mit Gelassenheit. Auf den Ruhepunkt
konzentrieren. **[in mir]**
Ein Ruhepunkt, der mich immer
begleitet.
Ich bin meine eigene/stärkste und
zuverlässigste
Beruhigungstablette/-mittel.
Auf den Flügeln der Ruhe gleite ich
dahin.
**[In der Vorstellung oder in einem
Aquarium farbenprächtige
Fische beobachten.]**

+ Ich bin ganz tief in mich versunken.
+ Ruhe überwältigt mich.

+ Ich bin die Ruhe selbst.
Allgegenwärtige/große/beständige/
bleibende/starke Ruhe.
+ Ich lasse Ruhe in mich hinein.
+ Ich bin und bleibe immer vollkommen
ruhig und gelassen und immer guten
Mutes.
+ Ich gehe ganz tief in mich und finde
vollkommene Ruhe und tiefe
Konzentration und vollkommene
Entspannung.
Ruhezustand ist durchgehend/hat
Gültigkeit/Bestand.
(Meine) Ruhe ist ein
bleibender/beständiger/
immerwährender stabiler Zustand.
+ In mir ist eine feste unbeugbare Ruhe.

++ Im Kloster meditieren die Mönche.
Im Kloster sind die Mönche in tiefe
Meditation versunken. Im Kloster
sind die Mönche ganz in ihre
Meditation versunken (wie
weggetreten/abwesend). Die Mönche
ergründen ihren Geist in alle Tiefen.
Meditation bringt vollkommene Ruhe

in ihren Geist. In der Ruhe eines
Klosters sammeln sich die Geisteskräfte.
Die Stille des Klosters durchdringt
meinen Geist.
+ Ich bin von Stille umgeben.
In mir ist bedächtige Stille.
Ich denke an nichts.
In mir ist vollkommene Leere.

Ich bin in ganz tiefer Konzentration.
Ich lasse eine tiefe Konzentration in
meinen Geist.
Meine Konzentration wird immer tiefer.
Ich bin in vollkommener Kontemplation
versunken.

+ Ruhe ist absolut.
Unendliche/überwältigende Ruhe.
+ Tiefe Ruhe ist unendlich.
Ruhe des Universums.
Es gibt nur noch die raumfüllende Stille
und Ruhe.
Ich befinde mich in einem Meer/Ozean
der Ruhe.
Ich gehe über in den Aggregatzustand
der Ruhe.

+ Innerlich zur Ruhe kommen - ganz
intensiv!
Dabei ganz tief in mich gehen.

+ Ich gehe immer tiefer in die
vollkommene Ruhe.
Ich komme in immer tiefere Ruhe.
Meine Ruhe wird immer tiefer.
Ich werde immer ruhiger.
Ich werde jetzt wieder ganz ruhig.
Ich bin immer ganz ruhig.
Ich fühle mich ganz ruhig.
Ich spüre vollkommene Ruhe in mir.
Alles verleiht mir unendliche Ruhe,
Gelassenheit und inneren Frieden.

Ich stoße vor in das geheime Reich, wo
die Ruhe die unangefochtene ewige
Königin ist/wo Königin Ruhe das Zepter
führt/in den geheimen Bereich. Unter
viele hundert Meter dickem arktischem
Packeis ist die Ruhe, die niemand
gesucht, die sich selbst gefunden hat. Die
Ruhe, die in mir wohnt, ist die
vollkommenste und tiefste, die jemals
Ruhe (und Stille) war, die es jemals
gab/die jemals gefunden wurde. Meine
Ruhe ist tiefer als alles, was je da gewesen
ist. Ruhe und Stille ist eindringlich, setzt
sich durch, wird aufrechterhalten. Ich
gehe jetzt ganz tief in mich, tiefer als ich
jemals gewesen bin (und tiefer als jemals
ein Mensch in sich gegangen ist). In der
tiefsten Tiefe meiner Seele ist
vollkommene Ruhe.

+ Alles bewegt sich/
Es geht in Richtung
tiefe Ruhe.
Alles wird ganz von selbst ruhig.
Alles ist vollkommen beruhigt.
Ich lasse die Ruhe zu mir kommen

mit Gelassenheit und Zuversicht.
+ Ruhe kommt von ganz allein und
natürlich.
+ Ruhe stellt sich (wie/ganz) von selbst
ein.
+ Ich bin in einer/komme in eine
Ruhezone.
Es zieht und treibt mich in die Ruhezone.

+ Ich bin mitten in der tiefen/tiefsten
Ruhephase.
+ Ich bin im Zustand vollkommener
Ruhe.
+ In mir ist nur noch tiefe Ruhe.
+ In mir ist beständige/immerwährende
Ruhe.
Ruhe ist mein Element.
Ruhe ist der Stoff aus dem ich gemacht
bin.
Die Ruhe/Konzentration ist meine
Kapelle.
Ich lebe in der ganz
tiefen/vollkommenen/
unendlichen Ruhe.
Es gibt eine Ruhe/Geborgenheit, die ganz
tief in

mir verankert ist.
Ruhe ist mein natürlicher Zustand.
(Die Unruhe ist vorübergehend.)
Ich habe (grundsätzlich) immer/in jedem
Moment absolute Ruhe in mir.
Ganz tief in mir/meinem Inneren ist tiefe
Stille
und Ruhe.
Tief in mir ist (immer) eine angenehme
    vollkommene und bleibende Ruhe.
+ Ich bin in ganz großer Tiefe und Ruhe.
+ Ich bin in vollkommene Ruhe (und
    Frieden) getaucht. Ich verschmelze und
    werde/bin eins mit der Ruhe/dem
    Ozean der Ruhe.
+ Ich gehe auf in der Ruhe.
+ Ich bin /Mein Körper ist wie ein Felsen
ruhig und kühl.
Kühle Ruhe legt sich wie der Tau
(wohltuend)
auf meine Seele.
Die Ruhe geht durch mich durch.
Ruhe, alles durchströmende alles
durchdringende
heilsame Ruhe,

(du bist) mein Floß auf dem großen See
der Ruhe.
Mitten durch mich hindurch fließt
gemächlich ein
breiter Strom der Ruhe.
+ Ich bin von tiefer Stille und Ruhe ganz
durchdrungen.
+ Ich bin vollkommen in Ruhe
eingehüllt.
　　Ich bin ganz von Stille, Ruhe
und Frieden durchdrungen/erfüllt.
Stille, Ruhe und Frieden/Kühle
durchdringen mich(/meinen Geist),
dringen durch den ganzen Körper.
Ich habe eine angeborene Ruhe (und
Heitere Gelassenheit) in mir.

Ich beruhige mich in jedem Moment.
Ich segle immer auf Beruhigungskurs,
auf dem großen See der Ruhe.
Ich gehe immer mit der Ruhe.
+ Ich wandle im Gewand der Ruhe.
+ Ich verwandle mich ganz in Ruhe.
Ich behalte immer die Ruhe.
+ Ich bin selbst die Ruhe.

Mein Körper fährt (wieder) eine ruhige
Tour.

++ Ein großer Felsen: meine Ruhe; das
andere: ein kleiner Kieselstein Der Felsen
wächst (dehnt sich aus) zu einem großen
mächtigen Berg(/Gebirge) und wird
immer mächtiger, der Kieselstein
schrumpft zu einem verschwindend
kleinen Sandkorn, wird immer schwächer
und siecht dahin. Ich habe inneren
Frieden gefunden.

+ Dieser Raum ist ein Hort der Ruhe
(/strahlt Ruhe aus).
Alle Gegenstände in diesem Raum
strahlen Ruhe aus.
Alle Wesen in diesem Raum strahlen
vollkommene Ruhe aus.
Alles ist beruhigt/Ruhe.
Die Ruhe ist mir eine liebe und treue
Begleiterin.
Die Ruhe ist meine
Schutzmacht/Beschützerin.
(Störer vertreibt sie mit Fußtritten!)

+ Ruhe macht sich breit und hüllt mich
ein,
ummantelt mich.
+ Ich fühle mich ganz ruhig und
geborgen.
Ich fühle mich sicher.
Der Wald macht mich ganz ruhig/
beruhigt mich.
Der Wald schützt mich, Schutzwall.
Ich bin entschlossen , mich an dem
Wald zu freuen!

+ Ich genieße die Stille und Ruhe.
Die Ruhe trägt(/hebt) mich durch die
Zeit und ans Ziel.
Ich werde jetzt sofort ruhig und denke
an etwas Schönes!

+ Ich fließe in angenehmer Ruhe dahin.
Ich bin ganz kühl.
+ Ich horche in mich hinein.
+ Ich tauche ab.
Ich habe meinen inneren Frieden
(gefunden).
Ich hebe mich auf.
Ich fühle mich ganz leicht und locker.

Ich sollte meinen Körper einfach lassen,
mich gehen lassen.

Geist ruhig
Mein gesamter Geist ist entspannt
und beruhigt.
Mein kühler Geist beruhigt sich ganz
von selbst und kommt zur Ruhe.
(Mächtige) Allgegenwärtige Ruhe breitet
sich in meinem gesamten Geist in der
ganzen Tiefe (in allen Tiefen)
unaufhaltsam aus.
Mein gesamter Geist befindet sich im
Zustand vollkommener Ruhe und
Harmonie.
Mein Geist tritt in eine tiefe Ruhephase
ein.
Während der Ruhephase wird mein Geist
immer ruhiger.
Die Phase der Beruhigung setzt
sich stetig/permanent/immer weiter/
unaufhörlich fort. Mein gesamter
Geist und mein Körper wird ganz von
selbst immer ruhiger.

**++ Nervenschmerzen - Nerven
beruhigen
[beseitigt stress- (und
(diabetes-)bedingte
Nervenschmerzen:]**
++ 20x Alle Nerven (extrem) beruhigt.
10x **[kämpferisch!!!]** Alle (meine)
Nerven(bahnen) sind
wie Drahtseile ganz stark und kräftig.

**["winzig" bildlich vorstellen
und halten!; "verschwinden"
ist synonym für "Reiz löst sich
in Nichts auf":]**
Alle Nerven in jedem Moment
extrem beruhigt,
werden winzig klein,
wie Moleküle
verschwindend klein,
wie Knoten, ziehen sich ganz zurück,
werden zusammengezogen
zu einer Linie und verschwinden
(in die hintersten Ecke/
aus dem Aufmerksamkeitsbereich)!/
in der Versenkung.

Alle Nerven beruhigen sich ganz von
selbst.
Ich lasse alle Nerven sich beruhigen.

Mein gesamter Körper und alle (meine)
Nerven kommen völlig zur Ruhe.
Mein gesamter Körper und alle (meine)
Nerven bleiben immer ganz ruhig.

Den Körper beruhigen
Heilobjekt tief beruhigt.
+ Der ganze/gesamte Körper ist ein
Felsen
der Ruhe.
Der ganze Körper kommt zur Ruhe.
Der ganze Körper befindet sich in
vollkommener (Berges-)Ruhe.
Ruhe (und Kühle) geht durch den
gesamten Körper und durch den Magen.
Im gesamten Körper ist Ruhe (und
Kühle).
Mein gesamter Körper ist wie ein Felsen
kühl und ruhig, balsam-beruhigt.
Mein Körper fährt (wieder) eine ruhige
Tour.

Den Körper entspannen
Wenn die Entspannungsübung gut wirkt,
entsteht das Gefühl, die Finger würden
nach vorne(unten) (zur Fußspitze)
gezogen. (Ich spüre an jeder Hand die
Innenfläche einer zweiten imaginären
flachen Hand, auf die sich meine Hand
drauflegt, und gegen die sie sich leicht
drückt). Man kann die Blöcke als Ganzes
wiederholen oder die einzelnen Zeilen.

Alle Körperteile sind entspannt: der
Hals, Brust, Oberarme, Unterarme,
Hände, Finger, Fingerkuppen, Bauch,
Oberschenkel, Unterschenkel,
Füße, Zehen.
Alle Körpermuskeln entspannen und
lösen sich ganz von selbst.
Ich bin ganz entspannt.
Der ganze Körper ist locker,
entspannt und gelöst (Körperteile
aufzählen).
Ich bin ruhig und entspannt bis in die
Fingerspitzen. Ich fühle mich

ganz leicht und locker.

**[Wie ein sich langsam
entflechtender Wollknäuel:]**
Alle Körpermuskeln sind vollkommen
(locker, entspannt und) gelöst.
In allen Körpermuskeln ist vollkommene
Leichtigkeit.
(Der ganze Körper ist/Alle
Körpermuskeln
sind vollkommen zwanglos - frei von
Zwängen/zwanglos und gelöst.) Ich bin
vollkommen locker, entspannt und
gelöst.
Der Körper liegt einfach da vollkommen
entspannt und gelöst. Der ganze Körper
ist
vollkommen entspannt und gelöst. Hals-
und Nackenmuskulatur vollkommen
entspannt und gelöst.

Wohlbefinden
Ich bin und bleibe immer vollkommen
heiter-gelassen und bestens gelaunt.
Fröhlichkeit ist Trumpf, Fröhlichkeit
wird großgeschrieben, Fröhlichkeit geht
über alles.
++ Alle Gesichtsmuskeln sind
vollkommen (locker, entspannt und)
gelöst.
++ Mein Gesicht strahlt heitere
Gelassenheit und Zuversicht aus.

Ich trage Fröhlichkeit im Herzen.
Ganz tief in mir bin ich eine fröhliche und
heitere Natur.
Ich genieße die Heiterkeit.
Heiterkeit ist mein Gemüt.
+ Es eröffnen sich mir große Chancen
und Möglichkeiten.
+ Ich blicke auf ein rundum gelungenes
Leben.
In mir schlummern Glücksgefühle.
Die Glocken läuten meinen
Lebensfrühling ein.
Ich bin vollkommen ruhig und
gelassen.
Ich bin vollkommen ausgeglichen.
Ich kann meine Stimmung heben.
Meine Stimmung hebt sich
(auf Normalniveau) und bleibt stabil.
++ Meine Stimmung hebt sich von ganz
allein zum Positiven.
Ich bewältige das Leben mit positiver
Kraft und Energie.
Mein Gesichtsausdruck strahlt
Zuversicht aus.
++ Mein Körper ist eine Quelle
    der/produziert Freude.

Ich freue mich an meinem Körper.
Ich bin von großer Freude erfüllt.
Ich stimme in den Jubel sein.
Ich berausche mich an meinem
unendlichen und
überbordenden Glück.
Heute ist ein wundervoller Tag!
Ich lasse Wohlbefinden in mich hinein.
++ (5-10x) Es geht mir (wieder
sehr/super) gut.
++ Ich bin glücklich und zufrieden.
Es geht mir großartig.
Ich bin (super) gut drauf! Ich fühl
mich richtig gut!
Es kann mir (wieder) gut gehen.
+ Meine Lebenslust steigert sich ins
Unermessliche.
Ich zelebriere meine Heiterkeit.
Ich feiere jeden Tag das Fest der
Heiterkeit und der Freude.
Halbe Freuden sind nicht meine Sache.
Ich nehme die Freuden immer voll und
ganz!
Wir streben herrlichen Zeiten entgegen!
(Die Teufel stehen schon Schlange um
uns den Tag zu vermiesen.)

Man muss ein Heiterkeitsdepot anlegen,
das man bei Bedarf abrufen kann.
+ Ich fühle mich (innerlich
tausendfach/pudel-)wohl
und geborgen.
Ich habe großen Appetit.
Ich genieße das Leben und freue mich auf
den Tag
(und eine erholsame Nacht).
Mein Herz füllt sich mit Zuversicht.
Ich fülle mein Herz mit Zuversicht.
Ich bin heiter und gelassen.
Ich habe heiter-optimistische Gedanken,
Vorstellungen und Träume.
Mein Kopf füllt sich mit positiven,
heiteren
und heilsamen Gedanken.
+ Ich habe eine positive, heitere und
optimistische Lebenseinstellung/
Grundeinstellung.
Ich bin heiter und entspannt (locker,
entspannt,
gelöst, gelassen).
+ Ich bevorzuge/habe nur positive und
heitere Gedanken.
+ Ich lasse nur positive und heitere

Gedanken zu.
Wetterwolken verziehen sich.
Schwungvoll gleite ich in den Tag.
+ Der Stimmungsfahrstuhl fährt immer
aufwärts nach oben, Endstation
Heiterkeit.
Ich freue mich auf das Leben und auf die
Zukunft. Ich bin gespannt, was die
Zukunft Gutes bringen wird.

+ Wenn du ständig unter schlechter
Stimmung leidest, versuch auf Teufel
komm raus fröhlich zu sein! Das darf
auch aufgesetzt sein. Das wirkt nach
innen. Versuch die schlechte Laune mal
zu überspielen! Lass sie hinter dir! Du
produzierst gute Stimmung. Stell dir vor,
du drückst einem Kind ein Eis in die
Hand!

Sonne scheint in mein Herz.
+ In mir verwandelt sich alles in Freude.
(J.Haydn: "Ich kann meinem Gott nur
fröhlich dienen!")
Ich gehe durch ein Tal der Freude(n).

+ Ich bin voller Harmonie. Ich bin durch
und durch von Harmonie erfüllt.
Harmonie schenkt mir Zuversicht.
Ich reichere meinen ganzen Tag mit
Glück und Harmonie an, bis ich glücklich
bin, und der Tag kann kommen.
**[Schokolade und Datteln können die
Stimmung heben.]**

Erfolg und Optimismus
Mein Stern geht auf.
+ Es geht (immer) bergauf!
Ich habe den ganz großen Optimismus.
+ Ich bin Berufsoptimist!
+ Ich reite auf einer (riesigen) Welle
des Glücks und der Erfolge.
Ich schwimme immer obenauf!
Ich sahne im Leben immer kräftig ab!
Ich bewege mich ganz sorglos mit größter
Leichtigkeit vollkommen entspannt und
gelöst
durch das schöne Leben.
Ich habe eine große Zukunft vor mir.
Ich habe große Fähigkeiten.
Ich weiß, dass ich gut und fähig bin.

Ich bin auf der Überholspur!
Mein Weg ist der Aufstieg in die erste
Liga.
In der Zukunft liegt/wartet der ganz
große Erfolg.
Ich kann alles erreichen.
Ich bin ein Arbeitstier vor dem Herrn.
Ich lerne/arbeite konzentriert und
ausdauernd.
Beim Lernen/Arbeiten bin ich hellwach
und zupackend.
Meine Leistungen sind überwältigend.
Ich habe einen Lernhunger XXL.
Lernen macht riesig Spaß und große
Freude. Der Erfolg gibt mir recht.
Ich bin ein Wunderkind.
Ich bin ein Leistungsträger.
Ich bin ein Gigant unter dem Himmel.
Ich fühle, dass mir alles gelingt.
Ich bin stolz auf meine übergroßen
Fähigkeiten.
Meine Fähigkeiten wachsen ins
Unendliche.
Alles, was ich anfange, wird mir
gelingen.
Ich habe großes Selbstvertrauen.

Ich habe eine großartige überlegene
überbordende Fantasie.
Ich fühle mich richtig gut.
Ich bin im Aufwind und auf dem
aufsteigenden Ast.
Ich habe einen starken Willen. Ich habe
die Kraft. Ich treibe große Projekte voran.
Ich bin in tiefer Konzentration und
vollkommen entspannt und bleibe
vollkommen gelassen im Angesicht des
übergroßen Pensums, das ich mir heute
vorgenommen habe. Ich bleibe
ausdauernd bei der Sache. Ich reiße mich
zusammen. Ich springe über meinen
Schatten.

Ich bin in ganz tiefer Konzentration.
Ich lasse eine tiefe Konzentration in
meinen Geist.
Meine Konzentration wird immer tiefer.
Ich bin in vollkommener Kontemplation
versunken.
Ich gleite in eine tiefe Konzentration.
Ich befinde mich unaufhörlich im
Zustand tiefer Konzentration.
Ich bin vollkommen auf die/eine Sache
konzentriert.

Selbstbestimmung
Ich bestimme über mich selbst.
Ich habe einen starken
Willen/durchsetzungsfähigen Kopf.
Ich habe mich voll/ganz im Griff.

++ Ich stehe mit meinen erlauchten
Füßen fest auf dem Boden.

Ich sitze auf meinem Thron. Ich herrsche
über die Welt und bin absolut Herr über
mich. Meine goldene Wirbelsäule ist ganz
gerade und aufrecht.
Mein Gesicht drückt Würde aus.
Ich kenne meinen Wert und ruhe in mir
selbst.

Selbstbewusstsein
++ Ich bin toll, ich bin großartig, ich bin
in Ordnung und fühle mich wohl, so wie
ich bin (egal, was andere mir einreden
wollen).
++ Ich kann meine Not in Stärke, Erfolg
und grenzenloses Glück umwandeln.
Ich gehe aufrecht erhobenen Hauptes
durch das Leben.
Ich habe raumfüllenden allesfüllenden
(jede Ritze ausfüllenden) Mut.
Ich stehe über allem darüber.
+ Ich bin stark und mutig (und setze
mich durch)!
Ich bin stark! Ich habe Kraft! Ich bin ein
Kraftprotz/-bolzen.
Mein Körper hat gewaltige überlegene

Kräfte (und setzt sich durch)!
Mein Körper strotzt vor Kraft!
Ich bin ein Kraftzentrum. Von mir
geht eine gewaltige Kraft aus.
Ich gehe/rudere immer volle Kraft
voraus!
Ich nehme als Kraftzentrum wieder
volle Fahrt auf!
+ Ich strotze vor Selbstbewusstsein!
Ich bin unabhängig und eine starke
Persönlichkeit.
Ich gebiete (über mein Leben).
Ich bin ein Mann/eine Frau.
Mir wachsen männliche/weibliche
Kräfte.
Ich fühle mich innerlich so stark wie nie!

Ich habe meinen Körper im Griff.
Ich beherrsche meinen Körper.
+ Mein Körper ist wunderschön und
kann sich sehen lassen.
Mir kann nichts passieren.
Ich bin ein erhabener Buddha.
und kann über alles lächeln, was um
mich
herum passiert.

Problem mit Optimismus bewältigen
Ich bin angekommen.
Es schiebt sich alles zurecht.
Alles kann ich ins Positive wenden.
Es ist alles wieder im Lot, im normalen
Bereich.
Alles Gute ganz locker von selbst
kommen lassen.
Alles renkt sich wieder ein.
Alles wird wieder gut.
Es kommt wieder Schwung in mein
Leben.
Ich blühe auf vor Optimismus.
Meine Stimmung hellt sich auf.
Ich bin vollkommen fröhlich, heiter und
gelassen.
Ich habe schöne warme angenehme
Gedanken.
+ Ich habe nur noch positive Gedanken.
In meinem Kopf ist heller Sonnenschein.
+ Meine positiven Gefühle befinden sich
im Aufschwung.
Ich habe ein sehr gutes, reiches und
erfülltes Leben.

Ich schaue mit dem allergrößten
Optimismus in die Zukunft.
++ Ich lebe alle Freiheiten aus und führe
ein glückliches und positives Leben.
Mit meiner positiven Energie stecke ich
andere an und mache ihnen Mut.
+ Ich befinde mich im großen
Glückstaumel, ich kann mein Glück
kaum fassen.
Diese Formeln legen den Schalter um zu
größtem Wohlbefinden und guter Laune.

**Problem mit Selbstbewusstsein
bewältigen**
+ Ich bin jedem (auch dem größten)
Problem und jeder (auch einer
schwierigen) Situation/Lebenslage mehr
als gewachsen und (haushoch)
überlegen.
Ich bin dem Leben (und seinen
Anforderungen) mehr als gewachsen.
+ Ich habe/behalte bei einem/jedem
Problem immer die Oberhand/
Oberwasser.
Ich finde immer eine Lösung.

Für jedes Problem gibt es eine
ideale Lösung.
Ich mache mich ganz entspannt
und mit Geduld auf die Lösungssuche.
+ Ein Problem ist schwach, die Lösung ist
immer stark/stärker.
Mein Körper und meine Seele sind
absolut robust und stabil.
Dieser (positive) Weg ist endgültig.
Es gibt nur ein Nach-Vorne-Schauen.

Eine harte Nuss knacken
Greif dir jeden Tag wenige Formeln
heraus, und lass sie auf dich wirken!

++ Es geht mir (immer sehr/super) gut!
Es geht mir gut! Es geht mir gut! ...
++ Meine Stimmung hebt sich von ganz
allein zum Positiven.
 ++ Ich bin glücklich und zufrieden, …
++ Ich bin und bleibe immer vollkommen
heiter-gelassen und bestens gelaunt.
+ Ich bin in Hochstimmung!
++ Ich bin toll, ich bin großartig, ich bin

in Ordnung und fühle mich wohl, so wie
ich bin (egal, was andere mir einreden
wollen).
Die im Folgenden aufgeführten Anti-
Mobbing-Formeln basieren zum Teil auf
einer Methode des Dalai Lama.
++ Gemobbt, beleidigt und herabgesetzt
zu werden ist für mich wie eine warme
Dusche, es gibt nichts Schöneres, das ist
ein großer Glücksmoment!
+ Ich kann alles Ungemach locker
überflügeln und darüberstehen.
Verarscht mich nur, ich kann das ab!
Und wenn meine Wut am Apparat ist
und was von „du musst dich jetzt
aufregen!" plappert, lege ich den Hörer
auf.
Mein Spott ich euch sicher!
+ Mein Mund formt sich immer zu einem
Lächeln. Und das Lächeln strahlt in mich
hinein.
+ Ich bin stark und wehrhaft
+ Ich mobilisiere jetzt alle meine Kräfte.
Ihr ahnt ja gar nicht wie gut mir euer
Mobbing tut. Das baut mich erst richtig
auf!

Ich finde es nett von euch, dass ihr mir
Gutes tun wollt. Wenn ihr weiter macht
gibt's eine Belohnung.
+ Ich bin ein Paradiesvogel, mäkelt ruhig
an mir herum, viel Spaß dabei! Die
Kaffeeflecken auf der Hose gehören zum
Paradiesvogeloutfit. Das muss so sein!
Und mir gefällt das so!
+ Vielleicht ist eure Geisteskrankheit ja
heilbar, dann könnt ihr dieses zwanghaft
und verwirrte Verhalten aufgeben und
stattdessen etwas Konstruktives machen.
Ich programmiere mich selbst und bin
dadurch immun gegen verbale Angriffe
auf meine Person.
Die Mobber sind der Hügel, den ich
besteigen muss. Hinter dem Hügel winkt
das große Glück. Die Mobber sind das
Scharnier zwischen dem Jetzt und
meinem Glück. Die Mobber verhelfen mir
zu meinem Glück.
Das ist interessant, was ihr sagt. Habt ihr
schon mal darüber nachgedacht den
Quatsch aufzuschreiben?
Ihre Worte sollen Schläge sein. Sie sind
für mich aber Süßigkeiten.

+ So viel (negative) Aufmerksamkeit
zeigt, dass ich etwas Besonderes bin, auf
das andere neidisch sind. Ich
interpretiere das als insgeheim
bewundernde Anerkennung für meine
Person. Die charakterlosen Täter haben
offenbar Minderwertigkeitskomplexe
oder andere Probleme und nichts im
Kopf!
+ Ich bin ein Gewinn für die Gesellschaft.
+ Jede Herabsetzung wertet mich auf und
macht mich stark.
+ Die Böswilligkeit der Mobber macht
mir Mut, denn ich will und kann es
besser machen.
Ich bin ein warmherziger und guter
Mensch.
+ Die Bosheit anderer kann meinen
heiteren Lebensgenuss nur erhöhen.
Die Trauben hängen für mich immer
niedrig. Ich gehe unbeeindruckt meinen
erfolgsträchtigen (Lebens-)Weg.
Ich bleibe der glücklichste Mensch auf
der ganzen Welt.
+ Meine ewige Glücksformel lautet: Mich
kann man nicht ärgern, nur belustigen!

(In einer Vertiefung: Mit Ärgerversuchen
kann man mich …) Diese Einstellung
schont meine Nerven.
Mein Glück ist stärker und triumphiert
über die Niedertracht, die sich vergebens
müht. Ich wiege mich in vollkommener
Sicherheit.

Ich verwandle Misstöne in harmonischen
Wohlklang.
Ich glaube nur an die Macht meiner
eigenen (wohltuenden) Worte.
Ich werde diesen Köchen des Bösen die
Suppe versalzen.
Ich glaube an die Macht und den Sieg der
Liebe. Ich trage sie im Herzen.
Ich habe eine starke Medizin gefunden,
die alle meine Wunden heilt.
Du hast ein schlechtes Benehmen.
Ich finde dich taktlos.
Du bist schlecht erzogen.
Es gibt Menschen, die haben keinen
Charakter.

+ Ich bin die Ruhe selbst.
+ Ganz tief in mir habe ich Mut, Kraft
und Zuversicht.
In Sachen Mut lebe ich auf großem
Fuß/Titanenfuß!
Ich bin tief in der/vollkommener Liebe
ge-/verwurzelt.
Mit meinen tiefen Wurzeln/Tief an
meiner Wurzel
sauge ich Liebe, Geborgenheit,
Selbstsicherheit ein.
Ich kann Gegnern furchtlos/mutig in die
Augen sehen.
Ich nehme die Herausforderung an!
Ich habe schon einiges überwunden.
Ich glaube ganz fest an mein Glück, und
diese Zuversicht lasse ich mir nicht
nehmen.
Verbale Angriffe lösen bei mir einen
unwillkürlichen Lachreiz aus. Ich kann
einfach nicht anders als mich darüber
köstlich zu amüsieren.
Dass ihr mich mobben wollt, finde ich
großartig und richtig erfrischend!

+ Ich spüre Rückenwind und eine
günstige Großwetterlage, alles fügt sich
zum Guten.
+ Ich habe eine starke überlegene
Persönlichkeit, die
immer die Oberhand behält.
Ich setzte mich entschieden durch!
++ Ich habe eine starke überlegene
Psyche, die immer die
Oberhand behält. **[Diese Formel ist für
die Bewältigung von extremen Ängsten
und Problemen geeignet.]**
Ich setze mich (in meinem Inneren)
durch (Ich räume dort auf).
Ich bleibe gefasst.
Das Leben muss und wird weitergehen.
+ Ruhe macht mich besonnen und klug.
+ Ich habe frische kühle Klarheit im Kopf.
Ich werde diese Krise durchstehen.
+ Ich werde aus dieser Krise gestärkt
hervorgehen. Ich werde stärker sein als
je zuvor!
+ Ich habe tief in mir eine gewaltige/
riesige Kraft, von der ich noch
nichts ahne, die mich nach vorne ziehen
wird zu neuen Kontinenten.

Ich habe starke Nerven aus Stahl.
+ Ich bin stark, robust und überlegen!
Ich bin grundsolide.

Alle Ängste werden sofort gelöst.
Alle Ängste lösen sich in Wohlgefallen
auf.
+ Große Heiterkeit macht Mut.
+ Meine Fröhlichkeit ist unschlagbar,
meine Freude ist grenzenlos, ganz tief in
meinem Inneren ist unendliche Freude.
+ In der Fröhlichkeit und Heiterkeit liegt
meine Stärke.
+ Ich werde triumphieren.
+ Alle Gedanken abschalten (innere Stille)
tut mir gut.
++ Alle Gesichtsmuskeln sind
vollkommen (locker, entspannt und)
gelöst.
++ Mein Gesicht strahlt heitere
Gelassenheit und Zuversicht aus.

#Heilformeln

Für die Übung die Augenschließen und
einen (ev. fiktiven) Gegenstand fixieren.

Jede Übung beginnen mit:
In mir ist absolute Stille und Ruhe.
Ich bin und bleibe ganz ruhig.
(Ruhe/ruhig.)

Schlaf
Diese Formeln muss man zu Beginn der
Nacht anwenden. Man kann diese
Formeln nach Belieben variieren.
Vielleicht wird jetzt jemand sagen, die
Schlafformeln sind eine Krücke, aber ich
sage, sie sind ein fliegender Teppich.
Es kann sehr hilfreich sein für den
nächsten Morgen einen Aufstehtermin
anzupeilen. Ich habe die Schlafformeln
maximal 2 Wochen angewendet.
10 Minuten Anwendungsdauer reichen.

Antidepressivum als Schlafmittel: siehe
Träumen.
Baldrian kann bei zu hoher Dosierung
die Nieren schädigen, und es gibt keine
Langzeitstudien.

Man braucht bei der zweiten Formelart
ungefähr 6 Formeln um eine Wirkung zu
erzielen. Bei der ersten Formelart reicht
die erste Formel. Nach 3 1/2 Jahren hat
die Wirkung der Schlafformeln etwas
nachgelassen. Ich schlafe noch sehr gut,
aber ich habe keinen Tiefschlaf mehr.
Ich stehe immer noch zwischen 6 und 7
Uhr auf. Es kann deshalb sinnvoll sein ein
paar Formeln für später aufzubewahren.
Ich brauche die Schlafformeln nur noch
sehr selten. Wenn du neue Schlafformeln
gefunden hast, lass es mich wissen, damit
andere davon profitieren können!
Wenn mir Gedanken durch den Kopf
gehen, wenn ich aufgeregt bin,
oder wenn ich überhaupt nicht müde
bin., dann wirken die Formeln nicht.
Wenn ich nicht schlafen kann, höre ich
klassische Musik. Da die Schlafformeln
der zweiten Art nur im Pool wirken, kann
ich nicht von jeder Formel genau sagen,
wie gut sie wirkt. Falls notwendig kann
man die Schlafformeln auch einmal die
ganze Nacht anwenden. Man kann jeder
Schlafformel anhängen:
durchgehend bis morgen früh.

Ich habe Formeln von deren
schlaffördernder Wirkung ich nicht so
ganz überzeugt bin mit ° markiert. Sie
können natürlich trotzdem das
Wohlbefinden fördern.

Über Nacht (vor dem Einschlafen)
durchführen:

Zur Einstimmung:
°Ich liege vom Kopf bis zu den Füßen
vollkommen bequem.
°Ich mache es mir gemütlich.
Ich freue mich auf die Nacht.
°Ich erlebe eine befreite Nacht.
°Die Nacht weitet meinen Horizont
(bis in die Unendlichkeit).

Ich schlafe ganz/unendlich tief und fest
und durch.

Vorschläge:
Ich schlafe in großen Tiefen.
Ich schlafe sehr gut und unendlich tief.
Ich versinke in tiefem Schlaf.
Ich falle sofort in einen reinen
souveränen Tiefschlaf.
Ich gleite mit heiterer Gelassenheit in
den unendlich tiefen Schlaf.
Ein wohliger Schlummer überkommt
mich und katapultiert mich in einen
unendlich tiefen Schlaf.
Eine magische Wärme durchströmt
mich.
Ich schließe die Augen fest und zu,
in der Nacht bis morgen früh ich ruh.

Schlafformeln der zweiten Art:
Ich habe einen erhabenen erlesenen
gütigen Schlaf.
Ich habe eine schöne wunderbare
angenehme und glückliche Nacht.
Mein Schlaf ist eine Dauerquelle der
Freude und der Wonne –
mein Rausch und mein Glück.
Mein Schlaf ist ein einziger großer
schöner wohltuender Rausch.
Ich habe einen sehr guten sehr starken
überlegenen Schlaf.
Ich habe einen gesunden harmonischen
ausgeglichenen und ausgelassenen
Schlaf.
°Ich bin müde, schlaftrunken und
schlummere ein.
Ich habe einen vollkommenen
vollendeten perfekten Schlaf.

Ich habe einen sorglosen vollkommen
entspannten Schlaf.
Ich schlafe ein mit der größten
Zuversicht.
Ich bin heiter, geh zur Ruh,
mach die müden Augen zu
Ich habe einen überwältigenden
wundervollen treuen Schlaf.
Ich habe einen erholsamen erfüllten
milden Schlaf.
°Ich schwärme von einer wohligen Nacht.
°Ich habe angenehme Gefühle und ziehe
mit warmen positiven Gefühlen durch
die Nacht.
Ich habe einen tollen wonnigen Schlaf.
Ich schwelge in vollkommener Harmonie
und Sonnenschein.
Ich habe einen süßen seligen blumigen
Honigschlaf.
Ich habe einen großartigen fantastischen
herrlichen Schlaf.
Ich habe eine heitere festliche muntere
Nacht.
Mein Schlaf bedeutet grenzenloses Glück!
°Mein Schlaf ist Balsam für die Seele.
Ich rette mich in den tiefen Schlaf.
Der Tiefschlaf ist meine Rettung.
Ich bin in einem Dämmerzustand. Ich
schlummere vor mich hin. Ich gehe auf
Tauchstation.

Die folgenden Formeln müssen etwas
länger angewendet werden:
Ich schlafe in vollkommener Ruhe und
Gelassenheit.
Tief in mir ist tiefe Ruhe.
Ich tauche ein in ein Meer der Stille und
Ruhe.
Vollkommene Ruhe pflanzt sich in mir
fort. Ich liege auf einem Bett der Ruhe.
Ich fließe in vollkommener und
angenehmer Ruhe dahin.
Ich atme Ruhe ein und wieder aus.
Ich bin und bleibe ganz ruhig.
Unendliche Ruhe durchströmt mich.
Ich lasse Stille und vollkommene Ruhe
in meinen Kopf.
Ich bin vollkommen von Ruhe
durchdrungen.
Ich bin die Ruhe selbst.
Ruhe breitet sich über meinen gesamten
Körper aus.
Absolute Ruhe geht durch mein Gemüt.
Ich kultiviere meine innere Stille.
Ich kultiviere meine innere Ruhe.
Ich konzentriere mich vollkommen auf
die Ruhe.
Ruhe macht mich müde und schläfrig.
Müdigkeit schleicht sich ein.
Von 10 Stufen ist 10 die oberste
Ruhestufe. 1, 2, 3, 4, 5, 6 ,7 ,8, 9, 10.
Ruhestufe 10. Ich erreiche die oberste
Ruhestufe.

Ich bin vollkommen locker, entspannt
und gelöst.
Die Schlafformeln zeigen Wirkung.

Auf dem Rücken schläft es sich am
besten!

Ein fünf- bis zehnminütiges Fußbad
In 38 bis 40C warmem Wasser senkt in
der Nacht die Körpertemperatur. Man
schläft schneller ein.

Träumen

Ich habe mehrere Jahre keine Träume
gehabt und konnte deshalb auch nicht
schlafen. Diese Formeln legen nur einen
Schalter um von Nichtträumen zu
Träumen. Sie machen keine Superträume!
Es kann hilfreich sein, wenn man nach
den Traumformeln Schlafformeln
anwendet. Ich habe die Traumformeln
nacheinander ohne Wiederholung
angewendet. 4 bis 6 Durchgänge sind
ausreichend. Ich habe die Traumformeln
nach drei Jahren wieder angewendet.
Zunächst streikten die Traumbilder. Aber
im Laufe der Nacht kamen intensive
Träume. Ich habe die Traumformeln 10
Tage angewendet. Danach gelang es mir
wieder spontan Traumbilder zu
erzeugen. Man sollte es mit der Übung
aber nicht übertreiben, sie nicht die ganze
Nacht durchführen. Formeln, die auf eine
Kontrolle der Träume abzielen, dürfen
nicht verwendet werden! Erlaubt ist:
Meine Träume führen mich in die
Natur/in eine Stadt.

Inzwischen werden meine Traumbilder
langsam immer schwächer. Ich würde
mich sehr freuen, wenn Leser mir
Formelvorschläge zukommen lassen
würden, die ich dann ausprobieren
kann!!!

Ich nehme jetzt das Antidepressivum
Trimipramin Neuraxpharm (5 Tropfen
mit etwas Wasser), damit ich schlafen
kann. Das Mittel macht nicht abhängig.
Ich nahm es zunächst 40 Minuten vor
dem Schlafengehen.

Nach zwei Monaten war ich morgens immer müde. Seitdem nehme ich das Mittel 4 Stunden vor dem Schlafengehen.
Wenn man die geöffnete Flasche mit einem Ruck nach unten bewegt, kommen die Tropfen in schneller Folge. Bei einem starken Ruck kommt erst ein kleiner Resttropfen. Ob man den braucht, muss man ausprobieren. Wenn die Flasche halb leer ist, entstehen Doppeltropfen. Am besten hält man die Flasche dann schräg.
Nachdem ich keine Träume mehr hatte ergeben sich wieder leichte Traumaktivitäten, und ich schlafe gut. Ein Tropfen zu viel bewirkt am nächsten Vormittag starke Müdigkeit. Beim ersten Versuch einen Monat früher mit zwei Tropfen hatte ich <u>leichtes in der Nacht</u> leichtes Herzrasen, und ich hatte mich den ganzen Vormittag unwohl gefühlt. In einer Nacht kochte in mir die Wut gegen meinen verstorbenen Vater hoch. Möglicherweise war das eine Wirkung des Mittels. Ich habe beruhigende Formeln angewendet. Kaffee und Tee schwächen die Wirkung aufgrund des Gerbstoffgehaltes ab. Der gleichzeitige Konsum von Alkohol kann sehr gefährlich sein!

Über Nacht (vor dem Einschlafen)
durchführen:
Träume kommen ganz von allein.
Träume kommen aus dem Nichts.
Träume steigen auf.
Ich gehe auf in einer Welt der Träume.
Ich träume ganz tief.
Ich träume intensiv.
Ich habe starke (über-)mächtige Träume.
Traumbilder sind kristallklar.
Ich sehe (helle tolle intensive)
Traumbilder.
Ich träume sanft.

Nachdem ich diese 10 Formeln einmal
angewendet hatte, konnte ich zuverlässig
träumen und schlafen. Diese Formeln
sind für eine Wirkung notwendig.

Weitere Traumformeln:
Ich bin von allen Zwängen befreit.
Meine Traumbilder werden immer
klarer. (Diese Formel muss ausdauernd
verwendet werden.)
Ich bin zuversichtlich, was meine Träume
betrifft.
In meinen Träumen bin ich locker
entspannt und gelöst.
Meine Fantasie produziert/verwandelt
sich in wundervolle Träume.
Träume bekommen Flügel.
Ich fokussiere Traumbilder.
Ich tauche ein in eine riesige gewaltige
grenzenlose allgegenwärtige Traumwelt.
Ich schmeiße mich in die
Traumbilderflut.
Ich habe sehr gute Träume.

In meinen Träumen erlebe ich kleine und
große Abenteuer.
Ich erzeuge/entzünde Traumbilder.
In jedem Moment entstehen
Traumbilder. Traumbilder bleiben
immer präsent.
Ich falle in eine Traumwelt
Ich bewege mich in einer Traumwelt.
Eine Traumwelt umgibt mich.
Ich gleite in eine echte schöne
Traumwelt (Traumschlaf).
Ich blicke in eine Traumwelt.
Ich bin Teil dieser Traumwelt.
Ich fühle mich zuhause in dieser
Traumwelt.
Ich lebe in meinen Träumen.
Meine Träume haben eine ganz große
unendliche Tiefe.
Ich tauche ein in einen Ozean der
Träume.
Meine Träume finden/bahnen sich den
Weg/brechen sich bahn zu mir.
Ich habe glückliche Träume.
Meine Träume entfalten sich voll und
ganz.
Träume kommen unangestrengt.
Träume kommen zu mir.
Träume sind ganz nah.
Ich habe vollkommene vollendete
Träume.
Ich habe starke überlegene Träume.
Träume erscheinen im grellen Licht.
Träume breiten sich aus.
Meine Träume sind ein Wunder, ich
staune.
Ich habe schöne prächtige Träume.

Ich lasse meinen Träumen freien Lauf.
Ich habe warmherzige Träume.
Ich betrete eine Traumwelt.
Ich mache diese Traumwelt zu meinem
Zuhause.
Ich wohne in einer Traumwelt.
Ich schaue mich in der Traumwelt um.
Ich nehme dort alles wahr.
Ich blende Träume ein.
Traumbilder erscheinen mir vor meinen
geistigen Augen.
Es regnet Träume vom Himmel.
Beide Augen sind strömend warm.
Ich träume ganz tief, ganz tief, ganz tief
… , ich träume intensiv.
Ich stelle mir einen Apfel vor.
Ich schlafe und träume wie ein Kind.
Ich habe ein superreiches gesundes
mächtiges lebendiges Traumleben.
Wenn ich "Ruhe" oder "ruhig" sage,
entstehen klare Traumbilder (siehe
Schlaf).

Notfallformeln (nur einmal anwendbar):
Meine Träume sind lebendig. Meine
Träume sind lebensecht und von der
Wirklichkeit nicht zu unterscheiden. Ich
habe große Eulenaugen.

Schemenhafte Traumbilder

Nachdem ich mit einem Traumexperiment Schiffbruch erlitten hatte, wirkten die 10 Grundformeln nicht mehr so gut. Ich hatte versucht mit Hilfe von Formeln meine Träume zu steuern. In einem Krankenhauszimmer war es nachts laut, sodass an Schlafen nicht zu denken war. In der ersten Nacht zu Hause hatte ich keine Träume. Die 10 Grundformeln wirken nicht mehr. Mit den Notfallformeln bekam ich für eine Nacht wieder klare Traumbilder. Die folgenden Nächte hatte ich zunächst schemenhafte Traumbilder. Im Verlauf der Nacht wurden die Traumbilder klarer. Ich träumte mich an Orte früherer Reisen. Inzwischen habe ich nur noch schemenhafte Traumbilder.

Ich lasse die Traumbilder kommen. Dann wende ich mich von den Traumbildern ab, ich unterdrücke die Traumbilder, und warte darauf, dass die Träume das Zepter übernehmen. Dabei entstehen klarere Traumbilder.

Ich verwende folgende Formel: Meine Traumbilder werden immer stärker und mächtiger und gewinnen die Oberhand.

Trockene Augen
Es dauert ein Jahr, bis die Formel richtig
wirkt.

Beide Augen tränen und werden nass.
(Beide Augen tränen immer und
sind/werden immer nass.)
Nach der Übung an etwas anderes
denken.

Nach mehreren Jahren hatte sich die
Wirkung verselbständigt. Ich hatte die
Übung abgesetzt. Jetzt, wo die Augen
wieder zur Trockenheit neigen, erreiche
ich nur noch eine bescheidene Wirkung.
Wenn morgens nach dem Aufstehen die
Augen trocken sind, kann es helfen
nachts vor dem Einschlafen die Übung zu
machen.

Nasenscheidewand abschwellen
Über Nacht (vor dem Einschlafen)
durchführen.

Linke und rechte Nasenscheidewand
extrem beruhigt.
Linke und rechte Nasenscheidewand
reizfrei.
**[Nach der Übung eine lange Pause
machen und an etwas
anderes denken. Die Übung regelmäßig
wiederholen.]**

Nasenbluten
An der Nasenscheidewand Blut wird
klebrig und klumpig.
Nasenschleimhaut heilt aus und schließt
sich.

Hüftgelenk behandeln
Die Übung in der Vertiefung
durchführen. Es kann sein, dass die
Beschwerden sich erst nach der
Rücknahme zurückbilden.
Meine linke Hüfte war so übel dran, dass
ich kaum noch gehen konnte.
Ich habe drei Behandlungen gebraucht,
bis die Beschwerden nicht mehr
zurückkamen.

Linkes/rechtes Hüftgelenk
strömend warm.
Linke/rechte Hüftgelenkschale
strömend warm.

Linkes/rechtes Hüftgelenk
stark und kräftig.

Linke/rechte Hüftgelenkschale
stark und kräftig.

Linkes/rechtes Hüftgelenk
beruhigt.
Linke/rechte Hüftgelenkschale
beruhigt

Stuhl
Übung zur Eindickung und
Normalisierung des Stuhls.
Die Formeln wirken allerdings nur
nachhaltig gegen permanente starke
Blähungen und das sehr gut.
Man braucht einen Wecker mit
Lichtfunktion oder einen Kurzzeitmesser.

Man kann eine künstliche Verstopfung herstellen. Das sollte bei Stuhlinkontinenz helfen. Bei Kindern sollte man berücksichtigen, dass die Formeln bei ihnen wahrscheinlich viel stärker wirken. Bei einer falschen Anwendung der stuhlfestigenden Formeln kann es zu einer schweren Verstopfung kommen! Die Anwendungsdauer muss an den Grad der Weichheit des Stuhls angepasst werden. Auf keinen Fall dürfen diese Formeln angewendet werden, wenn man einen festen Stuhl hat! Die empfohlene Anwendungsdauer setzt sehr weichen bis breiigen Stuhl voraus.

Über Nacht (vor dem Einschlafen) durchführen. Man kann zwischendurch Pausen machen, aber dann muss man die Übung entsprechend verlängern. Das ist nicht so günstig, weil man die Übung immer gleich lang machen muss. Man kann während der Übung leicht einschlafen. Das sollte man möglichst vermeiden! Dafür muss man gedankliche Abschweifungen unterdrücken und sich bewusst wachhalten. Man sollte regelmäßig auf die Uhr schauen. Ich würde empfehlen nach dem Aufwachen wieder von vorne anzufangen.

Stuhl wird ganz fest/Ton fest/Knödel dick und fest. 10-20 Minuten

Stuhl wird puder-trocken. 10-20 Minuten

Am Tag des Stuhlgangs kann man die
Übung aussetzen. Wirksamer ist es die
beiden Formeln im Wechsel zu sprechen.
Die Übung ist mühsam, aber man schläft
danach gut. Auf die Dauer wirkt die
Übung zeitlich begrenzt nachhaltig.
Auf Reisen ist die Wirkung sehr viel
stärker. Wenn es zu einer Verstopfung
kommt, halbiert man die erste Nacht die
Übungsdauer, die zweite Nacht setzt man
sie aus. Wenn man nach der ersten
Übung am folgenden Tag Stuhlgang hat,
kann die Übung nicht die volle Wirkung
entfalten. Dann kann es hilfreich sein vor
der ersten Übung auf das Abendessen zu
verzichten.

Sollte die Übung irgendwann nicht mehr wirken, ist die eine Möglichkeit, einfach weiterzumachen! Die Wirkung kommt zurück. Man kann die Übung auch nach einem halben Jahr fortsetzen. Wenn man die Übung über einen langen Zeitraum gemacht hat, wird die Wirkung mit der Zeit immer stärker, bis man Verstopfungen bekommt. Man kann die Übung **maximal um zwei Minuten** verkürzen. Am besten macht man das frühzeitig. Es ist so, dass, wenn man, weil man eine Verstopfung hatte, die Übungszeit (zweimal hintereinander) stark verkürzt, die Wirkung sehr stark abnimmt. Dann dauert es sehr lange bis die Übung wieder ihre volle Wirkung entfaltet. Man kann die Übung auch nach 6 Monaten fortsetzen. Nach mehreren Malen verlieren die Formeln ihre Wirkung. Die Wirkung der Übung kann sich ins Gegenteil verkehren. Nach dem Absetzen der Übung normalisiert sich der Stuhl einigermaßen nach mehreren Wochen mit mehrwöchiger Begrenzung.

<u>Alternative Formeln:</u>
Die Darmformeln müssen täglich
durchgeführt werden. Die
Durchführungsdauer darf **nicht mehr als
zwei Minuten** verkürzt werden. Einmal
habe ich die Durchführung bei der dritten
Anwendung stark verlängert, um die
Wirkung zu verstärken, mit Erfolg.
Die Darmformeln kann man jeweils
ungefähr ein halbes Jahr durchführen,
dann werden sie unwirksam.
Wenn die Darmformeln nicht mehr
wirken, dann ist das endgültig.

Die Dickdarmformel habe ich mehrere
Jahre durchgeführt. Vier Wochen nach
dem Absetzen der vorletzten Darmformel
fing der Stuhl an sich zu normalisieren.
Allerdings war das nicht nachhaltig.

Man kann bei Reizdarm OmniBiotic oder
Kijimea (Preise vergleichen!) nehmen.
Eine Apothekerin, die sich mit dem
Thema befasst hat, hat mir Kijimea
empfohlen. Kijimea Reizdarm Pro nimmt
man, wenn der Darm beschädigt ist.
Reizdarmmittel brauchen mindestens
drei Monate um wirken zu können. Man
soll täglich eine halbe Tasse Haferflocken
auf die Mahlzeiten verteil einnehmen.
Das unterstützt die Darmschleimhaut.
Zucker sollte man besonders während
der Therapie meiden und am besten
auch noch danach. Früchte, auch Datteln,
sind erlaubt. Kijimea hat bei mir in
Kombination mit einer Darmformel
gewirkt.

Nach drei 84er-Packungen Kijimea habe
ich die Therapie mit vier 30er-Packungen
OmniBiotic (Achtung: 2 Minuten
Aktivierungszeit) fortgesetzt.
Man muss aufpassen, dass man keine
Verstopfung bekommt! Jeden Tag eine
kleine Rote Bete einzunehmen kann
hilfreich sein. Für eine gute Wirkung ist
es günstig, wenn man 4 Tage keinen
Stuhlgang hat.

Ich esse jeden Morgen 60g Haferflocken
und 20g Dinkelflocken über Nacht in
Milch eingeweicht. Zum Abendessen
nehme ich 50 Haferkleie über Nacht in
140g Milch eingeweicht. Ich nehme Ener
von Rossmann, 14g Ballaststoff auf 100g.
Trockene Haferflocken hemmen die
Aufnahme von Mineralien.
Haferflocken fördern nützliche
Darmbakterien, verlangsamen die
Verdauung und stärken das
Immunsystem. Man kann auch 1 TL
Chiasamen (über Nacht mit reichlich
Flüssigkeit einweichen) nehmen, aber das
verträgt nicht jeder. Auf Zucker verzichte
ich ganz.
Auch gut für die Darmflora:
(entkoffeinierter) Kaffee, Wallnüsse und
15 bis 20g Kakao. Wallnüsse und Kakao
sind auch gut für das Gehirn. Auch
Porree und Fenchel sind gut für die
Darmflora.

Über Nacht vor dem Einschlafen
anwenden:

Alle Darmmuskeln werden stocksteif und
vollkommen gelähmt. 20-30 Minuten.

Darmbewegungen werden ganz langsam,
ganz träge, in Zeitlupe. 40 Minuten
Wenn die Formel einmal nicht mehr so
gut wirkt: Diese Formel ganz langsam
durchführen.

Bei der zweiten Darmformel muss man
sich auf dem Rücken liegend ganz stark
auf den Darm und seine Steifigkeit
konzentrieren.

Diese Formel wirkt weniger stark:
Verdauung wird ganz stark verlangsamt,
zäh und ausgebremst.   40 Minuten

Die folgende Formel wirkt nur schwach
und kann nur 2 Monate angewendet
werden:
Darmbewegungen werden extrem
beruhigt und erstarren.   40 Minuten

Bei leichten Beschwerden kann Apfel-
Multipekt plus die Therapie unterstützen
(bei www.cosmedia.de bestellen). 1500g,
1 EL pro Mahlzeit in Wasser aufgelöst.
Perentereol kann zusammen mit
einer ballaststoffreichen Rote Bete

pro Einnahme gut wirken. Allerdings ist
Perenterol manchmal verdorben. Yomogi
ist das Gleiche und billiger.

Bei schweren Stuhlproblemen hilft
Kombucha. Kombuchapilz in der
Apotheke bestellen. Ein Tropfen oder
eine Teelöffelspitze
Kombuchanährlösung pro Mahlzeit eine
Woche lang einnehmen. Zum Abschluss
kann man einen Teelöffel nehmen. Zum
Schwächen der Kultur kann man Essig
dazugeben. Die Besserung tritt erst nach
dem Absetzen ein. Achtung: Kombucha
kann Stinkfurze verursachen.

Was in die eine Richtung geht sollte auch
in die andere Richtung funktionieren.
Meine Vorschläge für Verstopfung
wären:
Därme bewegen sich ganz schnell.
Därme schwingen hin und her und
wirbeln durcheinander.

(ev. Alle Darmmuskeln sind vollkommen
locker, entspannt und gelöst.)

Stuhl wird klitschnass.
Stuhl wird ganz weich, matschig und
breiig.

Helfen kann auch Kichererbsen, weiße
Bohnen, getrocknete Pflaumen,
Flohsamen oder Apfel-Multipekt plus.

Nieren behandeln
Meine Nieren haben schon mehrmals
durch Kälteeinwirkung keinen Urin
produziert. Nach einer Behandlung floss
der Urin wieder. Nach weiteren
Behandlungen hatte der Urin wieder
Farbe bekommen.

Am besten legst du dich auf ein Bett.
Du legst ein (kleines) Buch unter den
Rücken auf der Höhe der Nieren.
Man muss das Buch spüren können.
Dann gehst du in die Vertiefung.
Linke und rechte Niere strömend warm.

Linke und rechte Niere stark und kräftig.

Mit der gleichen Methode sollte man
auch die Leber behandeln können. Man
legt ein Gewicht, einen Sandsack oder ein
Bügeleisen, auf die Leber. Man kann auch
eine zweite Person bitten auf ein Zungen-
oder Mundzeichen hin eine
Capsaicinsalbe aufzutragen.
Handauflegen geht auch.

Blutmangel
Diese Übung soll Ängste nehmen und die
Durchblutung fördern. Sie sollte nach
individuellen Wünschen gestaltet
werden. Man muss für die Körperteile
unterhalb des Kopfes nicht die ganze
Formel sprechen. Es reicht sie
aufzuzählen. Nach drei Durchgängen
sollte eine Pause erfolgen
(wenigstens 5 bis 10 Minuten), damit die
Übung wirken kann.

In jedem Körperteil ist Leben.

Durch jeden Körperteil strömt warmes
Blut.

2-3x Im Kopf ist Leben. Durch den Kopf
strömt warmes Blut. In jedem Körperteil
ist Leben.

Alle Körperteile aufzählen: Hals, Brust,
Oberarmee,
Unterarme, Hände, Finger, Oberschenkel,
Unterschenkel,
Füße, Zehen. In allen Körperteilen ist
Leben.

Varianten:
Alles Blut strömt zum Kopf.
Das ganze Blut strömt zum Kopf.
Der Kopf zieht das Blut wie ein
Magnet an.
Alles Blut will zum Kopf.
Das Blut durchströmt (pulsierend)
den ganzen Körper.
Das gesunde Herz schlägt (kräftig
und) gleichmäßig.
In allen Adern ist Leben, ich
spüre, der Lebenssaft strömt

durch alle Glieder.

Haut
Haut strömend warm.
Haut stark und kräftig.
Haut beruhigt.

Krämpfe
Am besten über Nacht (vor dem
Einschlafen) durchführen.
(links/rechts) Alle Wadenmuskeln
sind locker entspannt und gelöst.
(links/rechts) Alle Fußmuskeln
sind locker, entspannt und gelöst.
Diese Übung muss man mehrere
Wochen anwenden um eine Wirkung
erzielen zu können.

Gegen einen Fußkrampf kann helfen
den Fuß zehnmal schnell auf und ab
zubewegen.

Krämpfe können auch entstehen, wenn
die Einlegesohlen nicht sehr ausgeformt
sind.

Krämpfe können ein Zeichen für
Magnesiummangel sein.
Dann helfen Magnesiumtabletten.

Magen behandeln
In der Vertiefung durchführen.
Die Magenschwellung konnte ich mit
einer Behandlung beseitigen.
Ausheilen konnte ich den Magen aber
nicht.

Obere Magenwand/ Magenschleimhaut
(ganz oben)
tief drin ganz stark und kräftig.

Rotwerden
Meine Vorschläge:
Rotwerden/Gesichtsröte extrem
gleichgültig.
Kopf runterfahren und ganz ruhig
werden.
Gesicht abkühlen und ausbleichen.
Wärme wandert vom Kopf in Brust,
Bauch und Beine.
Gesicht wird angenehm kühl und
kreidebleich.

Möglichst oft Autogenes Training
machen. Auslösersituationen auf das
Nötigste beschränken. Ich habe im
Internet gelesen, man könne einen Nerv
durchtrennen. Dann wäre das Problem
behoben, aber der übrige Körper könne
von Hitzewellen heimgesucht werden.
Auf einer anderen Webseite habe ich
gelesen, dass man nach dem Eingriff
stärker schwitzt.

**Schwingungen im Kopf
(psychosebedingt)**
… gleichgültig.
… werden leise gestellt/ausgeschaltet.
… werden/bleiben still.
… lassen nach, schwächen sich ab,
    schwingen allmählich aus.
… kommen schließlich ganz zur Ruhe/
    zum Stillstand/ kommt zum Erliegen/
    ganz zur Ruhe, geht auf Null.
… kommen endgültig zur Ruhe.
… werden immer leiser, immer milder -
    Ich werde immer ruhiger.

Ein paar Hinweise

Progressive Muskelentspannung von Gerhard Hofmann ohne Musik. Die Übungen sind 74 Minuten lang. Enthalten sind viele lange Pausen und suggestive Formeln. Die Kurzform ist 17 Minuten lang. 2 Cds (Thalia (Online), JPC)
Progressive Muskelentspannung nach Jacobson von Robert Stargalla mit angenehmer Musik. Die Übungen sind 30 Minuten lang und 8 Minuten die Kurzform. 1 Cd. (JPC)
Damit die Übungen wirken können musst du sie mehrmals durchführen. Wenn du die kurze Cd hörst, kannst du in den Pausen Übungen von der langen Cd machen.
Progressive Muskelenspannung soll gegen Krämpfe helfen.

Ich hatte einmal Tinnitus. Ein Junge hatte mit einer durchgebohrten Schreckschusspistole auf mein Ohr gezielt. Wenn ich mich nachts auf die linke Seite gelegt habe, wurde der Tinnitus lauter. Auf dem Rücken liegend wurde er nach einer Stunde leiser.

Mein Orthopäde gab mir Gymnastikübungen. Der Durchbruch kam mit 60minütigem Dauerbrustschwimmen.

Gegen eine Entzündung der Harnblase oder der Nasennebenhöhlen halfen Kapuzinerkresse-Meerrettich-Kapseln.

Gegen eine Entzündung der Harnblase hilft Einfachzucker D-Mannose in Kapseln.

Wer seine Augen mit Augentrost behandeln will sollte eine Augentrosttinktur aus der Apotheke nehmen.

Bei einer seborrhoischen Dermatis, sie
entsteht vorwiegend zwischen den
Augenbrauen, gegen die Hautärzte eine
Antibiotik-Fungizid-Salbe empfehlen
oder verschiedene Salben ausprobieren,
hilft Widmer-Efadermin (eine Zinksalbe).
Man darf keine fetthaltigen Cremes
auftragen Für die Kopfhaut: „head &
shoulders"-Shampoo. Man kann zur
Hälfte ein anderes Shampoo nehmen, z.B.
Nivea Volumen & Kraft („Edeka",
„Netto", „Rewe",
„Rossmann", „Aldi-Süd", „dm").

Ich bin früher oft mit dem Fuß
umgeknickt. Mein Orthopäde sagte, ich
solle einen kleinen Nachtschrank auf den
Fuß stellen und ihn anheben, indem ich
die Fußkante nach oben drehe (3x am
Tag). Wenn man die Übung über einen zu
langen Zeitraum macht (länger als eine
Woche), dann kriegt man Beschwerden.

Bei Alpträumen kann man sich behelfen,
indem man den Traum aufschreibt und
ein glückliches Ende hinzufügt. Nach
zwei Wochen sollte sich die Sache
gebessert haben.

Ich kann nur eingeschränkt lesen. Diverse
Augenärzte fühlten sich für mein
Problem nicht zuständig. Einen Arzt bat
ich mich zu einem Spezialisten zu
überweisen. Er sagte, dafür gäbe es keine
Indikation. Ich bekam Augenschmerzen,
weil die Brille falsch und viel zu stark
eingestellt war. Meine Augen wurden ein
Jahr lang in der Universitätssehschule
untersucht. Dann bekam ich die
Erlaubnis Blindenhörbücher zu beziehen.

Mein Neffe war schizophren und hat sich im Wahn das Leben genommen. Kurz vorher war er seltsam. Auf Fotos schaute er wie ein Irrer. Auf einem Foto war sein Lachen zu einer schrecklichen Grimasse entstellt. Als er am Tisch mit der Familie saß, redete er wie ein Wasserfall. Er nahm mich überhaupt nicht wahr, obwohl ich neben ihm saß. Er war mir unheimlich. In seiner Studentenbude schaltete er sein Handy ab. Er war im Prüfungsstress, was der Auslöser war. Er war wegen depressiver Stimmungen in Behandlung. Schon ein Onkel war schizophren und hatte sich das Leben genommen. Ein Teil der Schizophrenen bezieht alles, was sie wahrnehmen auf sich selbst. Sie glauben geheime Botschaften zu empfangen. Wenn sie Fern sehen oder Zeitung lesen, glauben sie, dass dort über sie geredet wird. Manche Schizophrene glauben, dass sie die Gedanken anderer lesen können, und dass andere ihre Gedanken lesen können. Ein Teil der Schizophrenen entwickelt einen Verfolgungswahn. Sie misstrauen den Mitmenschen. Sie fühlen sich hintergangen oder überwacht. Sie glauben an eine Verschwörung gegen sich, oder sie fühlen sich von allen gemobbt. 10% der Schizophrenen begehen Selbstmord.

Meine Mutter glaubte im Alter mit Hüft- und Rückenschmerzen leben zu müssen. Ein halbes Jahr, nachdem sie mit Yoga angefangen hatte, waren die Schmerzen verschwunden.

Unter „Ernährungs-Docs und „Rheuma" findest du im Internet Ernährungstipps. Auf der Seite werden auch andere Krankheiten behandelt.

Wenn man eine Infektion mit antibiotikaresistenten Bakterien hat kann man sich am Eliava Phagen Therapie Center in Tiflis für 5000€ einer Phagentherapie unterziehen und so einer Gliedmaßenamputation entgehen. Auf der folgenden Internetseite kann man mit dem Zentrum Kontakt aufnehmen: https://www.caucasushealing.de/eliava-phagen-therapie-center.html

Bei einem empfindlichen Zahn hilft es regelmäßig (eine Tablette pro Tag) Taxofit-Kalzium-Tabletten (bei „dm") einzunehmen. Man muss dann hin und wieder eine Magnesiumtablette nehmen. Die Einnahme von Kalziumtabletten kann zu Arterienverkalkung und Nierensteinen führen.
Ein Krankenhausarzt hat mir aus eigener Erfahrung Elmex Sensitive (bei „dm" und "Rokssmann") empfohlen. Es gibt auch noch Elmex Sensitiv Professional Repair und Elmex Sensitive Professional effektiv gegen Schmerzen.

Beim Brustschwimmen wurden meine
Arme schwach, ein Nervenproblem.
Seitdem schwimme ich abwechselnd eine
Bahn Brust und eine auf dem Rücken.

Diabetikern mit Magenproblemen helfen
bei niedrigem Blutzucker
magenschonende
Bonbons:
Bei Aldi-Süd gibt es „Be Light Bonbons 2-
er Joghurt und Frucht".
„Storck Vollmilch Brocken - Karamell-
Bonbons mit Milchcreme-Füllung"
(750g),
erhältlich bei metro.de.
„Kuhbonbon classic - zarte
Weichkaramellen mit Milch und Butter"
(1000g),
erhältlich bei kuhbonbon.de.
Auch bei Amazon bekommt man
Milchbonbons.
Milchkaramellen lassen den Blutzucker
nur langsam steigen.

Die 2 zu 5 Methode zum Abnehmen.

Dabei isst man an zwei Tagen nichts.
Für Diabetiker Typ 1 gibt es bei dieser
Methode ein Restrisiko der Übersäuerung
des Körpers. Allzu fettreiches Essen kann
die Wirkung nachhaltig verringern.
Alternativ kann man auch täglich das
Abendessen weglassen. Diabetiker Typ 1
sollten die Kohlehydrate nur verringern.
Man kann kohlehydratefreie Nahrung zu
sich nehmen: Käse, Mozzarella, Oliven,
Rosenkohl. Fettleibigen helfen diese
Abnehmmethoden allerdings nicht.
Eine weitere Methode ist fettreich und
kohlehydratearm zu essen.
Diese Abnehmmethode ist für stark
Übergewichtige geeignet, aber nicht für
Diabetiker Typ 1.

Achtung: Wenn man zu schnell abnimmt,
kann man auf die Dauer Gallensteine
bekommen. Stark Übergewichtige dürfen
pro Monat nicht mehr als 2 Kilo
abnehmen.

Ein Erwachsener sollte am Tag 1,5 Liter
Wasser trinken. Wer wesentlich weniger
trinkt kann Nierensteine bekommen.

Gegen Schmerzen kann ein Tens-Gerät
helfen, das Strom durch die betroffene
Körperstelle leitet (nur einmal am Tag
anwenden und den Strom so einstellen,
dass man unterschwellig ein Kribbeln
spürt).

Zentrum für unerkannte und seltene
Erkrankungen, Marburg.
zuse@uk-gm.de, 06421-5864357

Übrigens: Ich habe einen Organspenderausweis, und ich habe schon mehrmals Blut gespendet. Achtung: Vor dem Blutspenden muss man 2 ½ Liter und ½ Liter vor Ort trinken!

Meine Psychoseerfahrung
Beim Träumen wurde mir plötzlich schwarz vor den Augen. Wenn der Fernseher oder Musik lief, bekam ich Schwingungen im Kopf. Schließlich bekam ich bohrende Kopfschmerzen. Ich bekämpfte sie mit Ruhe-Formeln. Dann nahm ich eine halbe 10mg-Lorazepamtablette (ein Beruhigungsmittel mit hohem Suchtpotential!). Es half. Nach sieben Stunden nahm ich die zweite Hälfte.

Träume waren so wirklich wie die Wirklichkeit. Ich träumte von einem schweren Autounfall. Am nächsten Tag schoss mir nach wenigen Schritten das Blut aus dem Kopf, und ich lag auf dem Boden. Mit einer autogenen Formel (das Herz ist gesund und kräftig oder so ähnlich) habe ich das in den Griff bekommen. Ich fühlte mich weiter schwach. Außerdem hatte ich Geruchshalluzinationen. Es handelte sich um Brand- und Myrrhegeruch, was von der Beerdigung meines Neffen herrührte. Die wirklichkeitsnahen Träume konnte ich mit einer autogenen Übung („Traumbilder werden schwach" oder so ähnlich) überwinden.

Rechte und linke Gliedmaßen strebten auseinander. Das hatte ich ein paar Jahre vor der Psychose vorübergehend. Auf dem Höhepunkt der Psychose hörte ich, wenn ich sprach, meine Stimme von außen.

Vom ersten Psychiater bekam ich ein
Antipsychosemedikament (Zyprexa)
verschrieben. Es bewirkte, dass die
Nieren keinen Urin mehr produzierten.
Dadurch wurde die Wirkung
extremstark. Ich konnte nicht mehr
schlafen. Ich ging in die
Psychiatrieabteilung eines
Krankenhauses. Dort bekam ich ein
Mittel, das angeblich nur etwas müde
machen sollte (das atypische
Antipsychosemedikament Risperidon).
Ich bekam am nächsten Morgen eine
Stunde lang extremes Herzrasen und die
nächsten Tage exorbitant hohen
Blutzucker. Der hohe Blutzucker
verschwand, nachdem ich das nächtliche
Langzeitinsulin vorübergehend stark
erhöht hatte. Immerhin konnte ich wieder
schlafen.

Ich hatte schon am Ende meines
Psychiatrieaufenthaltes über große
Niedergeschlagenheit geklagt. Der
Chefarzt schob das auf die hohen
Blutzuckerwerte (wofür er kein Experte
war). Zuhause konnte ich keine langen
Strecken gehen. Eine Psychiaterin
verschrieb mir ein Mittel gegen
Antriebslosigkeit, eine Art
Muntermacher. Nachdem ich eine halbe
Tablette genommen hatte, hatte ich
Hummeln im Popo, und fortan bekam
ich keine Müdigkeit mehr beim Liegen.
Ab da begann eine Zeit der Traum- und
Schlaflosigkeit. Der wahre Grund für die
Müdigkeit war eine Überdosierung des
Medikamentes, dass ich heute noch
nehme. In der Psychiatrie waren alle
supernett und ganz normal.

Die Ursache für die Psychose war, dass
ich Formeln aufgesprochen und mit dem
Kopfhörer abgehört hatte. Die
Aufnahmen hatten ein
Hintergrundrauschen. Die Psychose hat
meine Fantasie stark eingeschränkt. Ich
kann keine witzigen Geschichten mehr
schreiben.

Psychiater behandeln hirnphysiologische
Krankheiten mit Medikamenten. Sie sind
aber keine Therapeuten (für besonders
schwere Fälle). Die Psychiatrie wird
gerne missbraucht um Menschen
herabzusetzen.

Mein Vorschlag gegen Stimmenhören
wäre:
Ich bin Herr über meine Stimmen.
Meine Stimmen werden immer leiser und
schwächer.
Meine Stimmen verschwinden
vollständig.